생각보다 **멋진생각**
생각의 정석

이 책은 동 저자의 저서인 '트리즈씽킹'에서
40가지 발명원리 부분을 추출하여 재구성한 책임을 밝힙니다.

생각의 정석
ⓒ신정호 2018

1판 1쇄 발행 2018년 1월 10일

지은이	신정호
편집	한윤희
디자인	김효선
펴낸곳	이트리즈
출판등록	2013년 5월 15일 제2013-000194호
임프린트	와우팩토리
제작처	(주)공간
주소	서울시 강남구 도곡로 175 창림빌딩 301호
전화	02-6406-0213
홈페이지	www.etriz.com
이메일	help@etriz.com
ISBN	979-11-9505-007-9

와우팩토리는 이트리즈의 임프린트입니다.
「이 책은 저작권법에 따라 보호받는 저작물이므로 무단 전재와 무단 복제를 금지하며,
이 책 내용의 전부 또는 일부를 이용하려면 반드시 저작권자와 이트리즈의 서면 동의를 받아야 합니다.」
배달의민족[연성체], [도현체], 이순신돋움체, 부산바다체, 한마음명조체, kopub체, 포천 막걸리체, Din체가 적용되었습니다.

파본이나 잘못된 책은 구입하신 곳에서 바꿔드립니다.

「이 도서의 국립중앙도서관 출판예정도서목록(CIP)은 서지정보유통지원시스템 홈페이지(http://seoji.nl.go.kr)와
국가자료공동목록시스템(http://www.nl.go.kr/kolisnet)에서 이용하실 수 있습니다.(CIP제어번호: CIP2017035757)」

www.etriz.com

신정호 지음

생각보다 멋진생각
생각의 정석

당신을 밝혀줄
40가지 생각의 비밀

WOW FACTORY

프롤로그
주저없이 슬쩍하라

"Good artists copy, Great artists steal."

21세기 최고의 혁신가로 손꼽히는 스티브 잡스는 좋은 예술가는 복제를 하고 위대한 예술가는 훔친다는 말을 공개석상에서 자주 하였다. 그러면서 자신은 법적인 테두리 내에서 가능한 많은 아이디어들을 훔치려고 노력했다고 말한다. 여기에서 일컫는 '복제'가 남의 것을 가져와서 그대로 사용하는 것을 의미한다면 '훔친다는 것'은 남의 것에 영감을 받고 발전시켜 완전히 새로운 것으로 만든다는 의미이다. 우리는 이러한 능력을 '슬쩍'이라 정의한다. '슬쩍'이란, 이미 있는 것들을 '새롭게 보고 다르게 연결하는 것'을 의미한다. 남보다 더 빠르게 도약하기 위해서는 '슬쩍'의 힘이 반드시 필요하다. 슬쩍의 의미를 한 예를 통해 살펴보자.

휴가철 가장 인기 있는 국내 여행지는 단연 아름다운 섬 제주도이다. 문제는 제주도의 관문인 제주공항을 이용하는 관광객이 지속적으로 증가하면서 활주로가 포화상태가 되어간다는 것이다. 이에 정부에서는 2025년까지 서귀포에 제2제주공항을 건설할 것을 검토하고 있다. 공항을 계속 늘려가는 것 이외의 다른 방법은 없을까? 네덜란드, 독일, 프랑스 등의 항공 관련 업체들이 활주로의 효율을 높이기 위한 새로운 제안을 내놓았다. 기존의 직선으로 된 활주로 대신 지름 3km 정도의 거대한 원형의 'the Endless Runway'라 불리는 활주로이다. 직선 활주로와는 달리 어느 위치나 이착륙 지점이 될 수 있어서 동시에 3대까지도 이착륙이 가능하다고 한다. 게다가 활주로가 길이가 무한대이므로 긴 활주로가 필요한 대형여객기도 충분히 이착륙이 가능하다. 현재 안전을 위한 시뮬레이션을 통해 제안의 타당성을 검토하고 있다고 한다. 실현 가능성 여부를 떠나 활주로를 원형으로 만들고자 하는 생각을 하였다는 것만으로도 기존의 틀을 깨는 멋진 일이다.

혹시 우리 생활 속에서 접할 수 있는 것들 중에 이와 유사한 발명이 생각나는 것이 있는가? 큰 건물의 입구에도 빙글빙글 돌면서 연속적인 작용을 하는 것이 있다. 바로 회전문이다. 회전문은 미국의 발명가인 밴 카넬이 1888년 '바람을 막아주는 문'이란 명칭으로 특허를 등록한 발명이다. 120도 간격으로 배치된 문이 회전하면서 사람들이 서로 부딪히지 않고 연속적으로 드나들 수 있게 해준다. 게다가 항상 닫힌 상태를 유지하기 때문에 외부의 공기가 내부로 들어오는 것을 방지할 수 있다. 회전문과 동일한 이치의 발명이 우리가 날마다 지나다니는 도로에도 존재한다. 바로 회전교차로이다. 회전교차로는 회전문의 아이디어에서 착안하여 1960년대에 도입되었다고 한다. 회전문의 원리와 마찬가지로 많은 차들이 한쪽 방향으로 빙빙 돌면서 연속적으로 빠져나갈 수 있다.

원형 활주로, 회전문, 회전교차로 세 사례를 보면서 어떤 공통점을 찾았는가? 바로 직선을 구형으로 바꾸어 연속적인 작용이 가능하게 했다는 것이다. 창의적 문제해결 방법론인 트리즈(TRIZ)에서는 이러한 발명의 공통된 패턴을 40가지 발명원리로 설명한다. 모든 발명에는 일정한 모순 해결의 패턴이 존재한다는 것이 트리즈의 핵심내용이다. 위에서 설명한 발명들의 공통점은 발명원리 중의 하나인 '구형화'로 설명할 수 있다. 이처럼 이미 존재하는 발명들의 생각의 패턴을 이해하는 것이 바로 '새롭기 보기'이다. 생각의 패턴을 이해하면 새로운 대상에 대해 동일한 원리를 적용하여 다르게 연결할 수 있다. '당신은 무엇을 원형 활주로처럼 둥글게 만들어 보겠습니까?', '당신을 무엇을 회전문처럼 둥글게 만들어 보겠습니까?', '당신은 무엇을 회전교차로처럼 둥글게 만들어 보겠습니까?' 식으로 새로운 질문을 검토해보는 것이다. 즉, 새롭게 보고 다르게 연결하는 '슬쩍'은 바로 이미 있는 발명의 패턴을 새로운 대상에 적용하여 창조적으로 모방하는 것이다.

현대사회는 남들과 다른 아이디어가 필요한 사회이다. 인공지능, 빅데이터, 증강현실, 가상현실, 사물인터넷 등의 첨단 정보통신기술이 우리 생활에 전반적으로 영향을 미치는 4차 산업혁명의 사회를 살아가고 있는 이상 남들과 차별화된 생각을 하는 능력이 필요하다. 하지만 기존의 틀을 벗어난 새로운 생각을 찾아내는 것은 너무나 많은 시간과 노력을 필요로 한다. 그래서 새롭게 보고 다르게 연결하는 능력이 필요하다. 이 책에서는 새롭게 보고 다르게 연결하기 위한 발명의 공통점을

'생각의 정석'이라고 부른다. 정석은 사물의 처리에 정하여져 있는 일정한 방식을 의미한다. 수많은 발명 속에서 찾아낸 생각의 정석을 알게 되면 쉽고 빠르게 좋은 생각을 만들어낼 수 있다. 생각의 정석은 우리보다 앞서 고민했던 사람들의 생각의 패턴을 제시하고 따라해 보게 함으로써 적은 시간과 노력을 들이고도 쉽게 기존의 틀을 벗어난 새로운 생각을 할 수 있도록 돕는다.

이 책은 필자의 저서 중의 하나인 '트리즈씽킹'에서 40가지 발명원리 부분만을 추출하여 독자들이 쉽게 따라할 수 있는 질문들을 곁들여 재구성하였다. 이 책을 통해 생각보다 멋진 생각이 필요한 사람들이 실질적이고 유용한 도움을 받을 수 있기를 기대한다. 아울러 이 책이 나오기까지 성심을 다한 와우팩토리 팀원들과 따뜻한 격려와 관심으로 응원해준 친구들에게 깊은 감사의 마음을 전한다.

2018년 1월

신정호

목차 생각의 정석

프롤로그	주저없이 슬쩍하라	04p
들어가기	생각보다 멋진생각	12p

생각의 정석 활용방법 16p

01. 잘게 쪼개진 { } 조립과 분해가 쉽도록 작게 나누어 보세요 22p
이케아 | 커터칼 | 셰어하우스

02. 꼭 필요한 것만 뽑아낸 { } 꼭 필요한 것만을 뽑아내어 보세요 28p
티백 | PB 상품 | 구글 광고

03. 일부분이 다른 { } 전체의 일부분을 다르게 바꾸어 보세요 34p
주름빨대 | 맥도날드 메뉴 현지화 | 버스전용 차로

04. 짝짝이 { } 대칭을 깨뜨려 양쪽을 다르게 만들어 보세요 40p
벨로스터 | 오른손 한개 더 | 비대칭 우산

05. { }과 { }이 만났을 때 서로 다른 것들을 하나로 합쳐보세요 46p
백화점 | 아궁이 | 의료 관광

06. 만능 { } 하나로 여러 기능을 수행하게 변경해 보세요 52p
맥가이버 칼 | 복합기 | 관광 택시

07. { }을 품은 { } 하나의 요소에 다른 요소를 포개어 보세요 58p
쇼핑카트 | 힐리스 | 숍 인 숍

08. { }에 묻어가기 내 힘을 쓰는 대신 외부의 힘을 이용해 보세요 64p
엘리베이터 | 간접광고 | 타워크레인

09. 미리 손해 보는 { } 필요한 작용을 반대로 미리 수행해 보세요 70p
예방접종 | 특허 출원 | 민간투자사업

10. 미리 해두는 { } 바로 작동할 수 있게 미리 해보세요 76p
두루마리 화장지 | 씻어 나온 쌀 | 먼지 제거용 점착 매트

11. 위험을 대비한 【 　 】 비상 시 사용 가능한 수단을 준비해 보세요　　82p
에어백 ｜ 안전벨트 ｜ 퓨즈

12. 눈높이 【 　 】 원하는 수준이 되도록 주변의 환경을 변화시켜 보세요　　88p
피라미드 ｜ 어린이전용 의수 ｜ 저상버스

13. 거꾸로 【 　 】 모든 것을 반대로 바꾸어 보세요　　94p
트레드밀 ｜ 주문형 도서출판 ｜ 카즈브렐라

14. 동그란 【 　 】 직선인 것들을 둥글게 만들어 보세요　　100p
회전문 ｜ 원형 톱 ｜ 회전 교차로

15. 변신 가능한 【 　 】 고정된 것들을 서로 상대적으로 움직이게 해보세요　　106p
자전거 ｜ 굴절버스 ｜ 소파 침대

16. 무한 【 　 】, 2% 부족한 【 　 】 많게 혹은 적게 만들어 보세요　　112p
저비용항공사 ｜ 저온 살균법 ｜ 뷔페식당

17. 입체 【 　 】 선은 면으로, 면은 입체로 만들어 보세요　　118p
아파트 ｜ 포켓몬 고 ｜ 버스용 돌출형 번호판

18. 떨리는 【 　 】 고정되어 있는 것을 떨리게 해보세요　　124p
진동벨 ｜ 초음파 가습기 ｜ 초음파 진단기

19. 띄엄띄엄 【 　 】 일정한 주기를 가지고 수행하게 해보세요　　130p
신호등 ｜ 차량 요일제 ｜ 할부 거래

20. 끊임없는 【 　 】 필요한 작용이 계속될 수 있게 해보세요　　136p
편의점 ｜ 회전 초밥 ｜ 전기자동차 무선 충전

21. 엄청 빠른 【 　 】 원하는 작용이 수행되는 속도를 높여보세요　　142p
하이패스 ｜ 폴라로이드 카메라 ｜ 스마트 마트 '아마존 고'

목차 생각의 정석

22. 개과천선 { } 해로운 것을 이롭게 이용할 방법을 찾아보세요 — 148p
지단의 기념품 | 피아노 계단 | 보톡스

23. 응답하는 { } 상황 변화에 알아서 반응하도록 응답을 활용해 보세요 — 154p
Here Balloon 캠페인 | 페이스북 | 자동 속도 조절 와이퍼

24. { } 을 대신 해줘 필요한 작용을 대신해 줄 수 있는 것을 찾아보세요 — 160p
부동산 중개인 | 카카오택시 | 캡슐

25. 스스로 { } 원하는 작용이 스스로 이루어지게 해보세요 — 166p
디스펜팩 | 셀카봉 | 옷 정리 로봇

26. 복제된 { } 원래의 것 대신에 복제품을 활용해 보세요 — 172p
마네킹 | 조화 | 가상현실

27. 일회용 { } 한번만 사용하고 버릴 수 있게 바꾸어 보세요 — 178p
종이컵 | 일회용 렌즈 | 팝업 스토어

28. 오감활용 { } 다른 감각을 활용해 보세요 — 184p
휘슬 주전자 | 아이폰7 탭틱 버튼 | 줄 없는 줄넘기 | 향기 마케팅

29. 물 { }, 공기 { } 물이나 공기로 채워보세요 — 190p
에어돔 | 뽁뽁이 | 공기 타이어

30. 얇은 막으로 보호된 { } 얇은 막을 활용해 보세요 — 196p
비닐하우스 | 콘택트렌즈 | 방수 스프레이

31. 구멍 뚫린 { } 구멍이 뚫린 물질을 활용해 보세요 — 202p
스펀지 | 크록스 신발 | 아이보리 비누

32. 색을 바꾼 { } 필요한 정보를 나타내기 위해 색깔을 변경해 보세요 — 208p
테팔 프라이팬 | 투명창 봉투 | 바나나 우유

33. 동일한 재료로 만든 { } 동일하거나 비슷한 것으로 만들어보세요   214p
이글루 | 녹말 이쑤시개 | 라바짜 쿠키컵

34. 다시 쓰는 { } 다 쓴 것을 다시 사용할 방법을 찾아보세요   220p
재활용 로켓 | 스마트카라 | 뉴욕의 쓰레기 예술품

35. 성질을 바꾼 { } 물질의 성질을 변화시켜 보세요   226p
팝콘 | 포카리스웨트 파우더 | 분유

36. 상태를 바꾼 { } 물질이 다른 상태를 갖게 변경해 보세요   232p
드라이아이스 | 액체형 손난로 | 불만고객을 충성고객으로

37. 일부를 팽창시킨 { } 일부분을 팽창시켜 보세요   238p
열기구 | 바이메탈 | Nohot Cup

38. 반응을 더한 { } 반응을 활발하게 만들 수 있는 것을 찾아보세요   244p
치어리더 | 고려청자 | 핫팩

39. 반응을 뺀 { } 반응을 안정시킬 수 있는 것을 찾아보세요   250p
소화기 | 클린룸 | 햇반

40. 다모여 { } 서로 다른 것들을 모아 새로운 것을 만들어 보세요   256p
비빔밥 | 레고 | 철근 콘크리트

발명원리로 바라본 창의성의 비밀

1. 관점을 바꿔 얻어낸 사랑 _ 모제스 멘댈스존   264p
2. 비행기 조종사의 지혜 _ 어린왕자   269p
3. 제갈 공명의 지혜 _ 삼국지연의   276p

에필로그 감동의 기억창고를 채워라   284p

들어가기
생각보다 멋진 생각

생각하는 방법에도 정석이 있다. 이 책에서 소개하는 발상 기법들은 창의적 문제해결 방법론인 트리즈의 40가지 발명원리를 보다 쉽게 활용할 수 있도록 구성한 것이다. 이 책을 활용하기 위해서 트리즈의 의미와 내용을 정확히 이해하는 것이 반드시 필요하지는 않다. 새로운 생각을 도출하기 위한 도구로만 생각하면 된다.

알트슐러의 의문

트리즈는 러시아의 천재적인 발명가 겐리히 알트슐러 Genrich S. Altshuller 박사가 개발한 창의적 문제 해결 이론이다. 1926년에 우즈베키스탄공화국에서 태어난 알트슐러는 어려서부터 발명하기를 좋아했다고 한다. 10학년 때(고등학교 2학년)는 잠수장비와 관련된 생애 첫 특허를 등록했다. 고등학교를 졸업한 이후 해군 함대에 자원하여 특허부서에서 근무하게 된다. 이 곳에서 그는 다양한 발명을 계속하면서 다른 사람들이 발명을 할 수 있도록 가르치는 일을 하였다. 이 과정에서 그는 체계적인 발명 이론을 정립할 필요성을 절실히 느꼈다.

이에 그는 다음의 세 가지 질문을 토대로 연구를 시작하게 되었다. 그가 품었던 첫 번째 질문은 '어떻게 하면 과거의 많은 교훈들을 현재

우리가 원하는 혁신과 발명을 위한 지렛대로 사용할 수 있을까?'이다. 만약 과거의 혁신과 발명으로부터 교훈을 얻을 수 있다면 현재의 문제를 보다 수월하게 해결할 수 있으리라 생각했다.

두 번째 질문은 '문제 해결을 어렵게 하는 심리적 관성을 극복하도록 도와줄 수 있는 지식은 어떤 것일까?' 이다. 그는 우리 속에 내재되어 있는 심리적 관성이 문제 해결을 어렵게 만들고 발전을 저해한다고 여겼다. 이에 심리적 관성을 극복하고 새로운 시도를 하는데 도움이 될 체계적인 이론을 찾고자 하였다.

세 번째로 '조직 내에서 이루어지는 혁신의 규모와 예측가능성을 어떻게 높일 수 있을까?' 이다. 크든 작든 조직은 미리 정한 목표와 계획을 가지고 운영되기 마련이다. 때문에 예측이 불가능한 혁신이나 발명을 위해서는 인적, 물적 자원을 과감히 투자하기가 어려웠다. 이러한 문제를 해결하고자 알트슐러는 미리 예측이 가능한 체계적인 발명 이론을 정립하고자 하였다.

위와 같은 세 가지 질문을 토대로 알트슐러는 천재적인 발명가들이 창조한 기술시스템 자체에 대해 연구를 진행하였다. 기존의 연구들이 뛰어난 발명을 했던 천재들의 생애나 개인적 특성에 초점을 맞춰 연구를 진행했던 것과는 차별화된 방향이었다. 일부 천재들이 특이점을 찾는 대신 천재들이 문제를 해결하는 공통적인 원리를 발견하고자 한 것이다. 이를 위해 그는 200만 건 이상의 발명 특허들을 일일이 분석하여 우수한 발명들이 가지는 특징들을 탐색하고 문제가 가지고 있는 모순을 해결한 표준 방법들을 추출할 수 있었다.

트리즈의 탄생

오랜 노력 끝에 알트슐러가 찾은 해답은 다음의 세 가지로 요약할 수 있다.

첫 번째로 그가 얻은 결론은 '우리가 고민하는 많은 문제들 중에 90% 이상은 과거에 고민된 적이 있거나 해결되었다.'는 것이다. 그는 지금껏 세상에 없었던 완전히 새로운 문제는 극히 드물다고 보았다. 그의 연구에 따르면 인류는 유사한 문제들을 해결하면서 세상을 조금씩 발전시켜 왔다. 과거의 우수한 문제 해결사례들을 분석하여 현재의 문제들을 해결할 교훈을 찾을 수 있다는 것을 발견한 것이다.

두 번째는 '혁신은 임의적인 프로세스가 아니다.'는 결론이다. 흔히 혁신이나 발명과 같은 창의적인 작업은 오랜 노력 끝에 우연히 얻어지는 결과라고 여겼다. 누구나 노력한다고 해서 얻을 수 없는 임의적인 프로세스다고 생각한 것이다. 하지만 알트슐러는 직접 수많은 특허의 문제 해결 과정을 분석하면서 표준문제 해결 절차를 발견했다. 트리즈의 체계적인 문제 해결 절차 덕분에 누구나 쉽게 문제를 해결할 아이디어를 얻을 수 있게 되었다.

세 번째 결론은 '혁신에는 어떤 정해진 법칙들이 있고 이것들은 일정한 패턴을 가지고 있어 누구나 배울 수 있다.'는 것이다. 이전까지는 창의력은 타고난 능력으로 여겨졌다. 때문에 지식과는 달리 창의적인 능력은 후천적인 노력으로는 얻을 수 없다고 생각했다. 이에 사람들은 창의성을 더욱 다가가기 어려운 영역으로 여겼고 창의성에 대한 심리적 장벽은 높아져만 갔다. 하지만 알트슐러는 모든 문제 해결에는 공통적인 패턴이 있음을 발견하였고 이러한 패턴만 익힌다면 창의성도 학습이 가능하다는 것을 발견하였다.

"창의성도 학습이 가능하다."

알트슐러 박사는 자신의 이론을 논문으로 작성하여 1956년 '심리학 이슈Psychology Issues'라는 학술지에 게재한다. 발명 문제를 해결하는 혁신이론인 트리즈TRIZ가 드디어 세상에 탄생하게 된 것이다. 트리즈는 러시아어 'Teoriya Resheniya Izobretatelskih Zadach (째오리아 레셰니아 이조브레따쩰스키흐 자다취)'의 첫 글자들을 연결한 약어이다. 영어로 번역하면 'Theory of Inventive Problem Solving'으로 '발명 문제를 해결하기 위한 이론' 정도로 해석된다.

모든 문제의 결과에는 문제를 일으키는 모순과 이를 해결할 수 있는 발명원리들이 숨어 있다. 알트슐러와 그의 동료들은 수많은 특허들을 조사하면서 모순을 해결할 수 있는 40가지 발명원리들을 도출해냈다. 이 책에서는 40가지 발명원리를 보다 쉽게 활용할 수 있도록 다양한 예시와 구체적인 활용 방법을 제시하였다.

활용방법

생각의 정석 활용방법

 이해   탐색   상상

이 책을 활용하는 방법을 아주 간단하다. 이해-탐색-상상으로 이어지는 3단계의 절차를 따르기만 하면 된다. 아울러 자신의 생각을 다른 독자와 공유하면서 작은 생각을 키울 수도 있다. 각 단계에 대해 자세히 살펴보자.

1단계 : 이해

각 발명원리의 본문은 원리에 대한 의미를 소개하는 부분과 사례를 소개하는 부분으로 나누어져 있다. 발명원리의 의미를 먼저 이해한 다음 이어 제시되는 사례별로 종래에는 어떤 문제가 존재했으며 그 문제를 어떤 방식으로 했는지를 파악한다. 여러 사례들에 나타난 발명의 공통점을 이해하는 것이 중요하다.

14. 구형화
Curvature increase

The Endless Runway   회전문   회전 교차로

{ 발명원리의 의미와 사례의 공통점 이해 }

2단계 : 탐색

탐색노트 페이지에 제시된 질문을 토대로 동일한 발명원리가 적용된 다른 사례들을 탐색한다. 일상생활 속에서 발견할 수 있는 사례들도 좋고 나의 전문분야와 관련된 것도 좋다. 찾은 내용들을 탐색노트에 기록한다. 이를 통해 발명원리를 내 문제에 활용할 수 있는 이해의 폭이 넓어지게 된다.

탐색노트 14. 구형화

{회전교차로}처럼
직선인 것을 둥글게 만든 것은 어떤 것들이 있나요?

12 / 29 중국집 회전 테이블, 마사이 워킹화 바닥, 아치형 건축, 고속도로 인터체인지

{ 동일한 원리가 적용된 추가 사례 탐색 }

3단계 : 상상

이해와 탐색의 단계를 거치면 이제 나만의 상상을 해볼 차례이다. 상상노트를 사용하는 방법은 매우 간단하다. 제시된 질문의 { }안에 내가 변경하고자 하는 대상의 이름을 적기만 하면 된다. 다양한 대상에 대한 동일한 발명원리를 적용하였을 때 어떤 변화된 모습이 생길 지를 상상하고 해당 내용을 노트에 기록한다. 분명 지금껏 생각해 보지 못한 새로운 생각들이 떠오를 것이다.

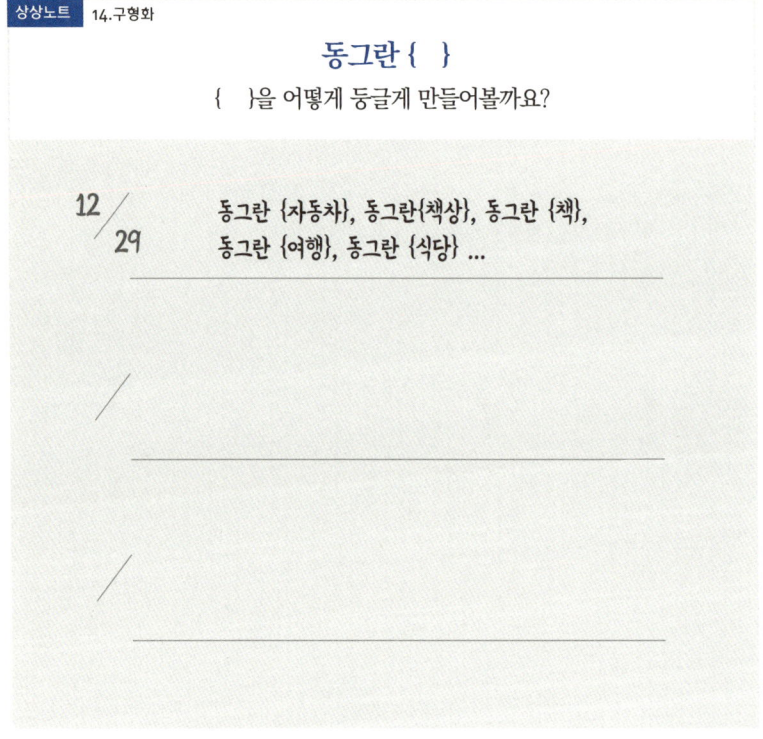

{ 새로운 대상에 발명원리를 적용하여 상상 }

노트 공유하기

모든 노트 페이지에는 QR코드와 웹사이트 주소가 게시되어 있다. QR코드를 스캔하거나 주소를 입력하면 다른 사람들이 작성해 놓은 노트를 보거나 자신의 노트를 공유할 수 있다.

이와 같은 3단계를 반복하면 할수록 발명원리들에 대해 깊이 있는 이해가 가능해진다. 그동안 아무렇지도 않게 지나치기만 했던 다양한 발명 사례들에 담긴 공통된 법칙들을 이해하고 우리 삶 속의 문제들에 적용해보자. 남의 것을 내 것으로 만들기 위해서는 그저 '와 신기하구나!' 하고 넘겨 버려서는 안 된다. 어떻게 하면 내 문제를 해결하는 데에 응용할 수 있을까를 항상 살피는 노력이 필요하다.

생각의 정석에서 제시하는 발명원리들은 그동안 생각하지 못했던 멋진 질문을 만들어줄 뿐이다. 다양한 방향성을 가진 질문을 만들어 줌으로써 나만의 사고의 틀을 벗어나 생각할 기회를 준다. 지금부터 천재들의 지혜를 내 것으로 만드는 신나는 여행을 떠나보자.

모든 문제에는 문제를 일으키는 모순과 이를 해결할 수 있는 40가지 발명원리들이 숨어 있다. 알트슐러와 그의 동료들은 수많은 특허들을 분석하여 모순을 해결할 수 있는 40가지 발명원리를 도출하였다.

생각보다 **멋진생각** 1

당신을 밝혀줄 40가지 생각의 비밀

01.
잘게 쪼개진 { }

조립과 분해가 쉽도록 작게 나누어 보세요

분할

첫 번째 발명원리는 여러 개로 쪼개어 보라는 분할 원리이다. 전체를 여러 개로 쪼개면 필요한 상황에 따라 조립과 분해를 마음대로 할 수가 있다. 또한 분리될 것들이 서로 다른 기능을 수행하거나 독립적인 시스템으로 작동하도록 만들 수 있다. 덩치가 커서 생기는 문제가 있다면 여러 개로 분할해보자.

잘게 쪼개진 {가구}, 이케아

가구는 본래 부피가 크기 때문에 운반하기도 힘들고 보관할 때에도 큰 공간이 필요하다. 이는 가구 비용의 상승으로 연결된다. 이러한 문제를 해결하기 위해서 스웨덴의 가구 제조업체인 이케아IKEA는 편리하게 운반할 수 있고 경제적인 조립형 가구를 선보였다. 하나의 가구를 여러 개의 부품으로 쪼개어 누구나 쉽게 분해 및 조립을 할 수 있도록 만든 것이다. 덕분에 납작한 박스에 부품들을 차곡차곡 담아서 운반 및 보관이 가능해졌다. 더 이상 가구가 커다란 공간을 차지하지 않게 되었다. 이제 고객들은 매장에서 원하는 가구를 구입해 직접 집으로 가져가서 조립하여 사용할 수 있다. 고객들이 직접 운반하고 조립해야한다는 불편함은 있지만 대신에 자신이 만든 가구에 더욱 애착을 가질 수 있다. 이러한 변화를 통해 유통비와 인건비를 절감할 수 있었기에 이케아는 가구를 저렴한 가격으로 공급하여 전 세계적으로 사랑을 받고 있다. 너무 크거나 무거워서 다루기 힘든 것이 있다면 전체를 여러 개로 쪼개어보자.

01 조립식 가구 이케아

02 세계 최초의 커터칼 (1956년)

잘게 쪼개진 {칼}, 커터칼

일상 속에서 흔하게 사용하는 커터칼은 1956년에 일본인 오카다 요시오가 만든 발명품으로 알려져 있다. 당시 인쇄소를 운영하던 그는 종이를 자르기 위해 칼과 면도날을 사용하였다. 그런데 칼날 끝이 무뎌질 때마다 새 칼로 바꾸어야 해서 낭비도 많고 비용도 많이 드는 문제가 있었다. 이러한 문제를 해결할 방법을 찾던 중에 그는 유리조각과 뚝뚝 분질러 먹는 초콜릿을 보고 기발한 아이디어를 떠올리게 되었다. 작고 네모난 칸으로 나눠진 초콜릿처럼 칼날도 미리 분할해두면 쉽게 잘라서 사용할 수 있다고 생각한 것이다. 그 결과 하나의 칼날에 홈을 파서 여러 개의 조각으로 분할한 커터칼이 만들어졌다. 덕분에 무뎌진 칼날은 쉽게 부러뜨려서 안전하게 새 칼날로 바꾸어 쓸 수 있고 작업 능률도 향상되었다. 오카다가 초콜릿을 보고 칼날을 분할한 것처럼 우리는 커터칼을 보고 무엇을 분할할 수 있을지 생각해보자.

잘게 쪼개진 {집}, 셰어하우스

혼자서 사는 1인 가구는 대부분 작은 원룸주택에서 생활한다. 혼자만의 자유로운 사생활을 보장 받을 수 있지만 좁고 답답한 공간에서 외로움이나 단절감을 느끼는 경우도 많다. 이러한 문제를 해결하기 위해서 하나의 집을 여러 개의 공간으로 나누어 함께 사용하는 셰어하우스 Share House 가 등장하였다. 여러 개의 침실은 각자의 개인 공간으로 사용하되 주방이나 거실은 공유하여 함께 쓰는 새로운 형식의 주거 형태이다. 공간을 분할한 덕분에 개인의 사생활을 철저히 지키면서도 공유 공간을 통해 서로 소통할 수 있다. 기존의 원룸 주택보다도 넓고 쾌적한 공간을 비교적 저렴한 가격에 활용할 수 있어서 집값이 비싼 일본이나 유럽의 대도시에서 특히 인기를 얻고 있다. 큰 공간을 작게 나누어 필요한 상황에 맞게 분해와 조립이 될 수 있는 상황을 만들어보자.

03 셰어하우스

01

무엇을 분할해보겠습니까?

분할 | 25

{조립가구}처럼
조립과 분해가 쉽도록 나누어 만든 것에는 어떤 것들이 있나요?

< 생각나누기 >
QR코드를 스캔하여
다른 사람들과 소통해보세요.
etriz.com/note/1

잘게 쪼개진 { }

{   }을 조립과 분해가 쉽도록 잘게 나눌 수 있을까요?

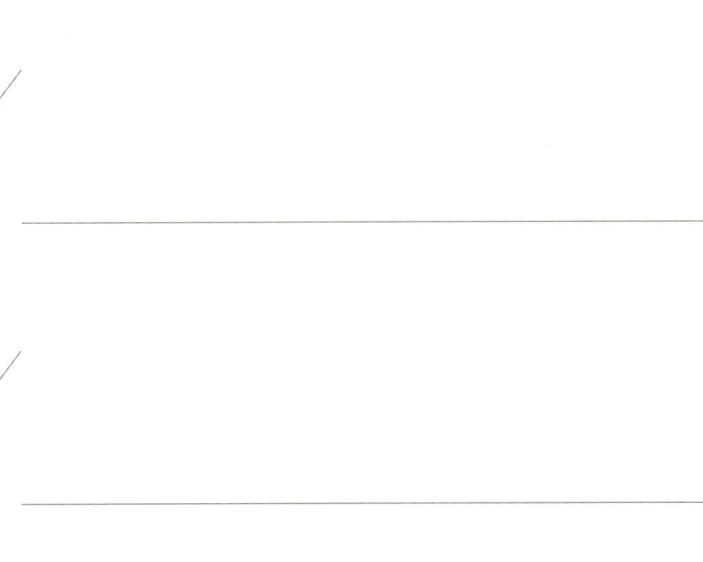

02.
꼭 필요한 것만
뽑아낸 { }

꼭 필요한 것만을 뽑아내어 보세요

추출

두 번째 발명원리는 전체를 다 취할 필요 없이 꼭 필요한 부분만을 뽑아내어 활용하는 추출 원리이다. 우리는 관성적으로 전체를 모두 취하는 데에 익숙해져 있다. 꼭 필요한 부분만을 추출하거나 불필요한 부분을 과감히 제거해보자.

꼭 필요한 것만 뽑아낸 {차}, 티백

일상 속에서 흔히 볼 수 있는 티백은 따듯한 차 한 잔의 여유를 가져다준다. 티백이 발명되기 전에는 차 한 잔을 마시려면 여러 가지 도구를 갖추어야 했다. 뜨거운 물과 찻잎은 기본이고 이를 담을 주전자와

04 티백　　　　　　　　　　05 더블 챔버 티백 광고 (1952년)

거름망과 같은 도구들이 필요했다. 이러한 문제점을 해결하여 간단하게 차를 마실 수 있게 한 발명이 티백이다. 초기의 티백은 면 주머니에 차를 넣는 형태로 만들어졌다. 다양한 도구들을 제거하고 차를 마시기 위해서 꼭 필요한 요소만을 추출한 것이다. 1952년에는 4면을 통해 차를 더 잘 우려낼 수 있는 '더블챔버 티백'이 발명되었다. 티백 덕분에 더 이상 차를 마시기 위해서 복잡한 도구를 갖추어야 할 필요가 사라졌다. 티백과 뜨거운 물만 있으면 언제 어디서나 빠르게 따뜻한 차를 즐길 수 있게 된 것이다. 이처럼 불필요한 요소들을 제거하고 꼭 필요한 요소들만 추출하여 내가 가진 문제를 해결할 수 있는지 검토해보자.

꼭 필요한 것만 뽑아낸 {상품}, PB 상품

제품의 품질이나 기능은 큰 차이가 없음에도 브랜드에 따라서 가격이 크게 달라지는 경우가 있다. 제품의 가격에는 실제 가치에 브랜드 가치가 더해져 있기 때문이다. 브랜드를 중요하게 여기는 소비자들도 많지만 최근에는 브랜드 가치와 상관없이 실속을 챙기는 소비자들

06 세븐일레븐 편의점 PB상품   07 이마트의 노브랜드

도 많다. 이들을 위해 대형 마트나 편의점에서는 자체 제작한 PB상품을 판매하여 인기를 얻고 있다. 실제 제품의 품질이나 기능과는 상관없는 브랜드나 디자인과 같은 요소들을 모두 제거했다. 꼭 필요한 특성만을 살려서 제작했기 때문에 상대적으로 저렴하다는 것이 특징이다. 이마트에서는 '브랜드가 없다'는 뜻으로 '노브랜드No Brand'를 붙인 PBPrivate Brand 상품을 판매하고 있다. 꼭 필요한 것이 무엇인지 고민해 보고 그것만 추출하여 사용하면 어떤 좋은 점이 있는지 살펴보자.

꼭 필요한 것만 뽑아낸 {광고}, 구글 광고

인터넷 검색을 할 때 온갖 광고와 정보들 속에서 자신이 원하는 정보만을 검색하여 찾아내기란 결코 쉽지 않다. 검색 서비스 업체 입장에서는 광고를 노출하여 수익성을 확보하면서도 사용자의 편의성을 고려해야 한다. 구글은 단순한 디자인의 초기 화면을 채택했다. 꼭 필요한 요소인 검색창만을 남겨두고 나머지 불필요한 요소들은 모두 제거한 것이다. 검색 결과 화면에서도 사용자가 검색한 내용과 연관성이 높은 광고만을 추출하여 보여준다. 초기 화면에서부터 수많은 광고들을 무작위로 보여주는 기존의 인터넷 검색 서비스와는 확연하게 차별화된 전략이다. 덕분에 구글 사용자들은 자신이 관심 있는 정보만을 빠르게 살펴볼 수 있게 되었다. 광고주 입장에서도 자신의 제품이나 서비스에 관심을 가질만한 고객들을 대상으로 광고 효과를 극대화할 수 있다. 꼭 필요한 것만 남기고 나머지는 모두 제거해보자.

02
어떤 필요한 부분만 추출해보겠습니까?

탐색노트 02.추출

{티백}처럼
꼭 필요한 것만을 뽑아낸 것은 어떤 것들이 있나요?

< 생각나누기 >
QR코드를 스캔하여
다른 사람들과 소통해보세요.
etriz.com/note/2

꼭 필요한 것만 뽑아낸 {　}

{　}의 어떤 부분만을 뽑아내고 싶나요?

03.
일부분이
다른 { }

전체의 일부분을 다르게 바꾸어 보세요

국소적 품질

세 번째 발명원리는 전체를 똑같이 하지 않고 일부분을 다르게 하는 국소적 품질 원리이다. 우리는 전체를 비슷하거나 균일하게 만드는 데 익숙하다. 하지만 반드시 전체가 똑같아야 할 이유는 없다. 일부분을 다르게 바꾸면 각 부분 별로 다른 기능을 수행하여 각각의 상황에 최적화되도록 만들 수 있다.

일부분이 다른 {빨대}, 주름빨대

누군가 빨대의 일부분에 주름을 만들기 전까지는 빨대는 일자로 곧게 뻗은 형태였다. 주름빨대를 발명한 사람은 미국의 발명가 조셉 프리드만Joseph B. Friedman 이다. 그는 한 음료상점에서 자신의 딸이 곧은 종이 빨대로 밀크셰이크를 마시느라 힘들어하는 모습을 보고 번뜩이는 영감이 떠올랐다 한다. 그가 생각해낸 방법은 바로 빨대 안에 나사를 집어넣고 빨대 바깥쪽에서 나사선을 따라 치실을 감은 다음 나사를 끄집어 내는 것이다. 그러자 빨대 일부분에 주름이 만들어져서 쉽게 구부러지는 빨대가 탄생하였다. 덕분에 어린아이도 쉽게 음료를 마실 수 있게 되었다. 이 발명으로 그는 1937년에 'Drinking Tube'란 명칭의 미국 특허(US2,094,268)를 등록받았다. 1939년에는 'Flex-Straw Corporation'이란 회사를 설립하여 주름빨대를 상용화하였는데 특히 병원에서 인기가 많았다. 당시 광고 사진을 보면 침대에 누워있는 환자들도 몸을 일으키지 않고서 음료를 마실 수 있어서 편리하고 위생적이라는 장점을 소개하고 있다. 이처럼 일상생활 속의 불편을 그냥 지나치지 않고 해결할 방법을 찾아 실행에 옮겼기에 그의 발명은 세상의 빛을 볼 수 있었다. 주름빨대처럼 일부분에 주름을 만들면 기존 불편이 해결될 수 있는 것들을 찾아보자.

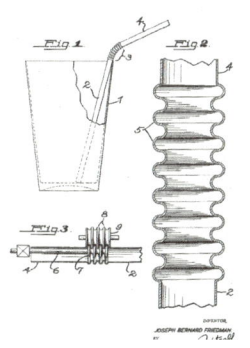

08 프리드만의 주름빨대 특허 (1937년)

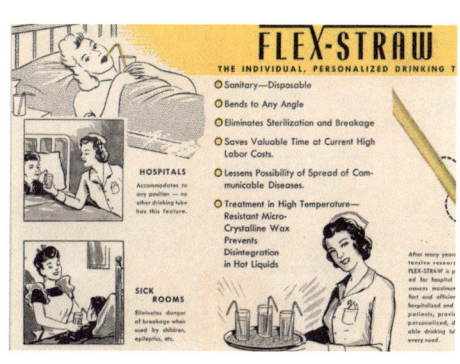

09 병원 공급을 위한 주름빨대 광고

10 맥도날드에서 판매하는 맥주

일부분이 다른 {메뉴}, 맥도날드 메뉴 현지화

맥도날드를 비롯한 세계적인 패스트푸드 체인점에서는 어디서나 동일한 메뉴를 맛볼 수 있다. 그렇다고 모든 메뉴가 동일하지는 않고 일부 메뉴는 각 지역별 특성에 따라서 다르게 구성한다. 예를 들어 종교상의 이유로 소고기를 먹지 않는 인도에서는 소고기 대신 닭고기나 양고기를 사용한 메뉴가 판매된다. 유대교 원칙상 유제품과 고기를 함께 먹어서는 안 되는 이스라엘에서는 햄버거에 치즈가 들어가지 않는다. 맥주를 즐겨 마시는 독일에서는 음료로 맥주를 선택할 수 있다. 최근 우리나라의 IT기업들이 모여 있는 판교에 맥주를 판매하는 맥도날드 매장이 생겨 많은 직장인들이 퇴근 후에 즐겨 찾고 있다고 한다. 이처럼 일부 메뉴를 현지의 사정과 고객들의 취향에 따라 바꾸어 제공함으로써 고객들의 다양한 요구를 만족시킬 수 있다. <u>어디에서나 언제나 똑같은 것들 중에 일부분을 변경하면 어떤 새로운 요구를 만족시킬 수 있을지 생각해보자.</u>

일부분이 다른 {차로}, 버스전용 차로

　도심의 도로에서는 차량이 많이 몰리는 출퇴근 시간에 교통 정체가 많이 발생한다. 그렇다고 도로를 신설하거나 넓히는 것만으로는 문제를 해결할 수 없다. 비용도 많이 소요되고 더 많은 차량이 진입하게 되어 공해도 심해지기 때문이다. 도로의 증설 대신 기존 도로를 효율적으로 운영하기 위한 방안들 중의 하나가 버스전용 차로이다. 모든 차로를 동일하게 운행하는 대신 1차선이나 중앙 차로를 버스만 다닐 수 있는 차로로 운영하는 것이다. 차로의 일부분을 바꾸어 버스에 우선적으로 통행권을 부여함으로써 대중교통의 이용을 촉진하고 보다 효율적인 승객 수송이 가능하게 되었다. <u>이처럼 한정된 자원을 효율적으로 활용하기 위해 일부분을 특별한 목적으로 다르게 활용하는 방법을 찾아보자.</u>

11 버스전용 차로

03
**어떤 일부분을 다르게
바꾸어 보겠습니까?**

탐색노트　03.국소적 품질

{주름빨대}처럼
전체의 일부분을 다르게 바꾼 것은 어떤 것들이 있나요?

< 생각나누기 >
QR코드를 스캔하여
다른 사람들과 소통해보세요.
etriz.com/note/3

일부분이 다른 { }

{ }의 어떤 일부분을 바꾸어볼까요?

04.
짝짝이 { }

대칭을 깨뜨려 양쪽을 다르게 만들어 보세요

비대칭

네 번째 발명원리는 대칭을 비대칭으로 만드는 원리이다. 사실 우리 주변의 물건들은 대부분 좌우 대칭을 이루고 있다. 때문에 우리들은 자신도 모르게 대칭에 익숙해져 있다. 하지만 천재들은 의도적으로 대칭을 비대칭으로 바꾸는 시도를 했다. 대칭을 깨뜨려서 새로운 변화를 만들어보자.

짝짝이 {자동차}, 벨로스터

쿠페coupe 는 마차의 마부석이 외부에 있는 2인승인 4륜 마차를 뜻했지만 최근에는 문이 두 개이고 지붕이 낮은 날씬한 모양의 차량을 일컫는다. 일반적으로 쿠페형 차량은 2도어 구조로 뒷좌석으로 승차할 때 불편한 경우가 많다. 이러한 문제를 해결하여 현대자동차에서는 2011년에 벨로스터라는 4인승 쿠페형 차량을 출시하였다. 기존의 쿠페 차량이 대칭적으로 좌우에 한 개씩 도어를 가지고 있는 반면에 벨로스터는 1+2 형태의 비대칭 도어 구조를 채택한 것이 특징이다. 과연 그들은 어떠한 모순을 해결하고자 했을까? 아마도 뒷문의 유무가 고민이었을 것이다. 뒷문이 없으면 쿠페형 디자인을 유지할 수는 있지만 뒷좌석 승하차가 힘들다. 반면에 뒷문이 있으면 뒷좌석 승하차는 편리하지만 쿠페형 디자인을 유지할 수 없다. 앞서 배운 다이아몬드 모델로도 이를 표현할 수 있을 것이다. 이 모순의 첫 번째 이상해결책에 대한 질문은 '뒷문이 없음에도 불구하고 뒷좌석 승하차를 편리하게 할 수 있을까?'이다. 이에 대한 답을 현대자동차는 비대칭에서 찾았다. 뒷좌석으로 승하차가 빈번한 조수석 쪽은 뒷문을 배치하고 운전석 쪽은 없게 만든 것이다. 두 번째 이상해결책에 대한 질문은 '뒷문이 있음에도 불구하고 쿠페형 디자인을 유지할 수 있을까?'이다. 이 질문에 대한 해결안으로 뒷

12 비대칭 도어를 가진 벨로스터

좌석 도어의 손잡이를 잘 보이지 않는 히든타입으로 만들어 쿠페형 디자인을 유지하였다. 1+2 형태의 비대칭 도어로 구성함으로써 쿠페형 디자인과 뒷좌석 승객의 승하차 효율성이라는 두 마리 토끼를 잡을 수 있었다. 익숙한 대칭을 깨뜨려서 의도적으로 비대칭을 만들어보자. 분명 새로운 변화를 제시할 수 있을 것이다.

짝짝이 {고무장갑}, 오른손 한개 더

주부들이 집안일을 할 때 많이 사용하는 고무장갑은 좌우 두 짝을 쌍으로 판매하는 경우가 대부분이다. 그런데 대부분의 사람들이 오른손을 더 자주 사용하기 때문에 고무장갑을 사용하다 오른쪽에만 구멍이 나곤 한다. 이럴 경우 멀쩡한 한쪽 고무장갑을 놔두고 다시 두 짝의 새로운 고무장갑을 구입해야 한다. 결국 짝이 안 맞는 나머지 한쪽의 고무장갑만 계속 쌓이다가 버려지게 되는 것이다. 이런 문제를 해결하기 위해서 오른쪽 고무장갑이 하나 더 들어있는 비대칭 고무장갑이 등장했다. 양손의 대칭을 깨뜨리고 한 쪽 고무장갑을 하나 더 넣어서 만든 것이다. 1+2 형태의 비대칭 도어 구조인 벨로스터와 같은 원리를 적용하여 문제를 해결했다니 참으로 놀랍다. 과연 여러분이 만들 수 있는 새로운 비대칭은 어떤 것이며 어떤 이점들이 있는지 지금 생각해보자.

짝짝이 {우산}, 비대칭 우산

바람이 세게 불거나 태풍이 몰아칠 때 우산이 뒤집어지거나 바람에 날아간 경험이 한 번쯤은 있을 것이다. 이러한 문제를 해결하기 위해서 비대칭으로 설계된 센즈 우산SENZ Umbrella이 만들어졌다. 우산은 당연히 대칭이어야 한다는 편견을 깨고 바람의 저항에 견딜 수 있도록 비대칭 구조를 채택하였다. 비대칭 구조 덕분에 바람의 저항을 최소화하는 공기역학적인 설계가 가능했다. 거센 태풍에도 뒤집힐 염려가 없어서 일명 '태풍우산'으로도 불린다. 시야가 잘 확보되고 등 뒤의 가방이 비에 젖지 않는다는 장점도 있다. 비대칭 디자인의 우수성을 인정받아서 이 제품은 2007년 레드닷 디자인 어워드에서 디자인상을 수상했다.

13 오른손 한개 더 고무장갑   14 비대칭 우산 SENZ Umbrella

04
무엇을
비대칭으로 만들어 보겠습니까?

탐색노트 04.비대칭

{비대칭 가위}처럼
대칭을 깨뜨려 양쪽을 다르게 만든 것은 어떤 것들이 있나요?

< 생각나누기 >
QR코드를 스캔하여
다른 사람들과 소통해보세요.
etriz.com/note/4

짝짝이 { }

{ }의 대칭을 깨뜨려 양쪽을 다르게 만들어볼까요?

05.
{ }과 { }이 만났을때

서로 다른 것들을 하나로 합쳐보세요

통합

다섯 번째 발명원리는 하나의 기능이 수행되는 동안 다른 기능도 함께 수행될 수 있도록 시간적으로나 공간적으로 통합하는 원리이다. 잘 알려진 사자성어 중에 일석이조(一石二鳥)는 '한 개의 돌을 던져 두 마리의 새를 맞춘다.'는 의미로 통합의 원리와 일맥상통하는 부분이 있다. 하나의 돌로 한 마리의 새만 잡는 것에 만족하지 말고 어떻게 하면 다른 새도 한꺼번에 잡을 수 있는지 고민해보자.

{매장}과 {매장}이 만났을때, 백화점

1852년 프랑스 파리에 최초의 백화점으로 알려진 '르봉 마르셰'가

15 르봉마르셰 백화점

개점했다. 백화점은 하나의 공간에 여러 개의 상점이 있어서 필요한 물건을 한 공간에서 모두 구입할 수 있다. 우리나라에서도 1970년대 이후 대형 백화점이 등장하여 큰 인기를 누려왔다. 최근 백화점은 복합 문화 공간으로 탈바꿈하고 있다. 병원이나 약국 혹은 미용실, 카센터를 비롯한 다양한 편의시설은 물론이고 영화나 전시회, 콘서트를 관람하는 문화 시설까지 백화점이라는 하나의 공간에 통합되고 있다. 덕분에 고객들은 쇼핑하러 간 김에 자동차 수리나 영화 관람과 같이 다양한 일들을 한꺼번에 해결할 수 있게 되었다. 백화점과 같이 공통 분모를 가진 요소들을 한데 묶어 백화점 같이 집결시켜보자.

{조리}와 {난방}이 만났을때, 아궁이

　우리나라의 전통부엌에서는 아궁이에 불을 피워서 음식을 조리한다. 그와 동시에 아궁이의 열기와 연기는 방바닥에 설치한 구들을 통과하면서 열의 전도와 복사에 의해 방바닥을 데우고 굴뚝으로 빠져나가게 된다. 이것이 바로 우리나라의 고유한 난방 방식인 온돌의 원리이다. 아궁이의 불로 음식을 조리하는 동시에 난방도 할 수 있는 것이다. 덕분에 음식을 만드는데 사용한 열이 그냥 버려지지 않고 실내 공기를 데우는데 효율적으로 활용된다. 서양의 벽난로는 열기와 연기가 함께 나가는 구조이지만 온돌의 구들은 열기를 흡수하고 차가워진 연기만 굴뚝으로 나가도록 과학적으로 설계되었다. 온돌의 원리는 오늘날에 바닥에 관을 깔고 뜨거운 물을 순환시켜 바닥을 데우는 난방 방식으로 발전되어 널리 활용되고 있다. 온돌과 같이 이미 있는 자원들이 하나의 기능을 하면서 다른 기능을 함께 수행할 수 있도록 통합해보자.

{관광}과 {의료 서비스}가 만났을때, 의료 관광

　관광과 의료를 연속적으로 결합하여 만든 새로운 관광 상품이다. 관광과 의료 서비스를 연속적으로 받을 수 있어서 시간을 효율적으로 활용할 수 있다는 점이 장점이다.

　덕분에 관광객들은 한 번의 휴가를 내서 의료 시술을 받고 회복기를 이용해서 관광이나 쇼핑도 즐길 수 있다. 의료 관광은 체류 기간이 비교적 길기 때문에 다양한 병원과 연계된 부가 서비스로 수익을 창출할 수 있어 관광 수입 증대에도 긍정적인 기여를 하고 있다. 최근에는 의료 관광 비자가 본격적으로 도입되어 의료와 관광의 연속적인 통합이 더욱 활발해지고 있다.

16 의료관광 〈한국관광공사〉

05

한번에 여러 기능이
수행되도록 통합할 수 있습니까?

탐색노트 05.통합

{백화점}처럼
서로 다른 것들을 하나로 합친 것은 어떤 것들이 있나요?

< 생각나누기 >
QR코드를 스캔하여
다른 사람들과 소통해보세요.
etriz.com/note/5

{ }과 { }이 만났을 때

{ }과 { }을 어떻게 합쳐 보고 싶나요?

06.
만능 { }

하나로 여러 기능을 수행하게 변경해 보세요

다용도

여섯 번째 발명원리는 하나의 요소로 여러 가지 다양한 기능들을 수행하도록 만드는 원리이다. 모든 존재의 의미는 존재 자체가 아니라 존재가 수행하는 기능이라 강조한 바 있다. 하나의 요소로 다양한 기능을 수행할 수 있게 하면 나머지 요소들을 제거할 수 있다. 하나의 요소에 다양한 기능들을 넣어서 새로운 존재로 변화시킬 수 있을지 검토해보자.

만능 {칼}, 맥가이버 칼

일명 맥가이버 칼로 불리는 다기능 포켓나이프는 칼 하나로 다양한 기능을 수행할 수 있는 다용도 제품이다. 1889년 스위스 군은 현대화된 제식 소총을 보급하였는데 이를 쉽게 정비하기 위해서 군인들은 주머니에 드라이버, 가위, 펜치 등의 다양한 공구를 지니고 다녔다. 이러한 불편을 해결하고자 칼 하나가 다양한 기능들을 동시에 수행할 수 있도록 만든 다기능 포켓나이프가 탄생했다. 칼 손잡이에 스크루드라이버, 캔 따개, 와인 오프너를 비롯한 다양한 기능들을 더하여 만들었다. 이 제품은 스위스 군대에서 큰 인기를 얻게 되었고 제2차 세계 대전 기간에 연합군을 통해 먼 미국에까지 스위스 아미 나이프[Swiss Army Knife] 로 알려지게 되었다. 이를 계기로 빅토리아녹스[Victorinox] 는 전 세계 시장에 다기능 포켓나이프를 판매하여 큰 인기를 얻고 있다. 이미 있는 것들에 어떤 새로운 기능을 추가하면 좋을지 생각해보자.

만능 {복사기}, 복합기

복합기는 프린터, 스캐너, 복사기, 팩스 등의 다양한 기능을 하나의 기기에서 모두 수행할 수 있도록 만든 제품이다. 하나의 기기의 많은 부품들을 공유하여 활용하고 새로운 기능을 위한 요소만을 추가하여 이

17 스위스 군용 칼

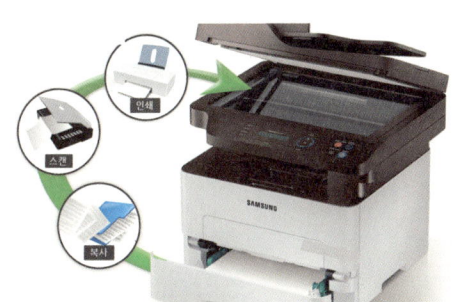

18 복합기

처럼 다양한 기능을 구현한 것이다. 사용자 입장에서는 각각의 기능들을 사용하기 위해서 여러 대의 기기들을 따로 구입해야 할 필요가 없다. 여러 대의 기기를 들여놓지 않아도 되므로 공간도 넓게 활용할 수 있다. 기존의 시스템에 일부 요소를 추가하여 새로운 기능을 수행할 수 있는 방법을 찾아보자.

만능 {택시}, 관광 택시

여행을 떠날 때는 다양한 준비물이 필요하지만 무엇보다도 중요한 것은 관광 명소들을 이동할 교통수단이다. 대중교통을 이용하거나 직접 렌터카를 운전하는 방법도 있지만 낯선 지역에서 직접 운전을 하거나 대중교통을 이용하기란 쉽지 않다. 이러한 어려움을 해결하기 위해서 제주도나 부산에서는 관광 택시가 인기를 얻고 있다. 승객을 원하는 곳까지 직접 데려다 주는 것은 물론이고 관광 안내원의 기능도 수행해

19 부산 관광택시

주는 신개념 택시이다. 관광객들의 입장에서는 택시 한 대만 예약하면 관광 가이드와 운전기사의 역할은 물론이고 사진 촬영까지 해주니 보다 편리하고 경제적인 여행을 할 수 있다.

06

하나로 여러 기능들을
수행하게 할 수 있을까요?

탐색노트 06.다용도

{복합기}처럼
하나로 여러 기능을 수행하게 한 것은 어떤 것들이 있나요?

< 생각나누기 >
QR코드를 스캔하여
다른 사람들과 소통해보세요.
etriz.com/note/6

만능 { }

어떤 여러 기능들을 가진 만능 {   }을 만들어보고 싶나요?

07.
{ }을
품은 { }

하나의 요소에 다른 요소를 포개어 보세요

포개기

일곱 번째 발명원리는 하나의 요소를 다른 요소에 넣어서 포함시키거나 통과시키는 포개기 원리이다. 러시아 전통인형 '마뜨료시카 Matryoshka'는 오뚝이처럼 생긴 인형들이 포개어져 있다. 인형을 열어보면 그 속에는 모양과 색이 똑같지만 크기만 조금 작은 인형이 들어있다. 포개면 동일한 공간에 더 많은 것들을 포함할 수 있다.

{카트}를 품은 {카트}, 쇼핑카트

대형마트에서 흔히 사용하는 쇼핑카트는 미국에서 대형 슈퍼마켓 체인을 운영하던 실번 골드만 Sylvan Goldman 이 발명하였다. 그는 고객들이 종이봉투에 담긴 물건을 양손으로 들고 돌아다니기가 어렵기 때문에 매장에 머무는 시간이 짧다는 문제를 발견했다. 이러한 문제를 해결하고 매출을 늘리기 위한 방법으로 접이식 의자에서 힌트를 얻어 쇼핑카트를 발명하였다. 장바구니 2개를 위아래로 배치하고 바퀴를 달아서 쉽게 이동할 수 있고 사용하지 않을 때는 접어서 여러 대를 보관할 수 있게 하였다. 골드만의 접이식 카트에 대한 발명은 1940년에 미국 특허(US 2,196,914)로 등록되었다. 오늘날처럼 밀어 넣기만 해도 한쪽이 들어올려지면서 쉽게 포개어지는 카트는 다른 발명가인 올라 왓슨 Orla Watson 이 1946년에 발명했다. 그의 발명은 골드만의 것과 달리 사용 전후에 조립이나 분해를 할 필요가 없다는 장점이 있었다. 왓슨의 특허(US 2,479,530)는 1949년에 등록되었고 독점적인 실시 권한을 부여받은 골드만은 포개어지는 카트를 생산하고 왓슨의 회사에 로열티를 지불했다. 1950년 이후에는 다른 카트 제조회사에도 실시 권한이 부여되어 다양한 곳에서 포개지는 카트를 생산할 수 있게 되었다. 카트가 서로 포개지도록 하여 공간 절약은 물론 쇼핑의 편의성까지 얻은 멋진

20 쇼핑카트

발명이다. 우리 주변에서 공간을 많이 차지하고 있는 것들을 찾아 서로 포개질 수 있는 방법을 찾아보자.

{바퀴}를 품은 {신발}, 힐리스

힐리스Heelys 는 1998년 미국인 사업가인 로저 애덤스Roger Adams 가 발명하였다. 그는 롤러스케이트 마니아였는데 걸어 다니면서도 롤러스케이트를 탈 수 있는 방법을 고민했다. 이에 일반 운동화의 뒤꿈치에 바퀴를 포개어 넣는 방법을 떠올렸다. 신발 뒤꿈치 쪽에 무게를 주면 쭉 미끄러져 나갈 수 있고 평소에는 일반 운동화처럼 걸어 다닐 수 있게 한 것이다. 2009년에는 일반 바퀴 대신에 전동 모터로 구동되는 바퀴를 포함한 신발을 발명하여 특허를 등록받았다. 일반 운동화에 바퀴를 포함하여 두 가지 활동을 모두 할 수 있도록 만든 힐리스는 전 세계적으로 큰 인기를 끌고 있다. 운동화에 어떤 다른 것을 포개어볼 수 있을지 생각해보자.

21 힐리스 운동화

22 힐리스를 신고 있는 아이들

{숍}을 품은 {숍}, 숍 인 숍

한 매장 안에 작은 매장이 포함된 것을 '숍 인 숍^{shop in shop}'이라고 한다. 주유소 안에 커피전문점이나 패스트푸드점이 입점해 있기도 하고 주유를 하고 난 뒤에 다른 매장을 통과하도록 만들기도 한다. 최근에는 편의점 안에 갓 구운 빵을 파는 빵집이나 약국이 입점하는 경우도 있다. 이용자들은 별도로 매장을 따로 방문할 때보다 이용 시간을 절약할 수 있고 매장들끼리는 시너지 효과가 생겨 매출 증대에도 도움이 된다. 이처럼 서로 연관 있는 것들을 한 공간에 포개어 넣으면 공간을 보다 효율적으로 활용하고 더 큰 이익을 얻을 수 있다.

07

**어떤 것들을
포개거나 통과시켜 보겠습니까?**

탐색노트 07.포개기

{쇼핑카트}처럼
하나의 요소에 다른 요소를 포갠 것은 어떤 것들이 있나요?

< 생각나누기 >
QR코드를 스캔하여
다른 사람들과 소통해보세요.
etriz.com/note/7

{ }을 품은 { }

{ }을 { }에 포함시킬 수 있을까요?

08.
{ } 에게 묻어가기

내 힘을 쓰는 대신 외부의 힘을 이용해 보세요

평형추

여덟 번째 발명원리는 외부의 다른 힘을 이용하여 적은 힘으로도 원하는 기능을 수행하게 하는 평형추 원리이다. 시소의 한쪽에 덩치가 큰 사람이 앉아 있을 경우 들어올리기는 쉽지 않다. 만약 비슷한 무게를 가진 사람이 반대쪽에 앉아 있다면 힘이 평형을 이루어 쉽게 올렸다 내렸다 할 수 있을 것이다. 이처럼 내 힘을 쓰는 대신에 외부의 힘을 이용하여 내가 원하는 기능을 보다 쉽게 수행할 수 있도록 만들어보자.

{무거운 추}에 묻어가기, 엘리베이터

거의 모든 고층 건물에 설치되어 있는 엘리베이터에도 평형추의 원

23 엘리베이터에 설치된 평형추

리가 적용되어 있다. 미국의 발명가인 엘리샤 오티스Elisha Otis 는 1953년에 뉴욕에서 열린 만국박람회장에서 현재의 엘리베이터 구조와 흡사한 구조물을 만들어 시연하였다. 고정도르래의 한 쪽에 사람들이 탈 수 있는 객실이 매달려 있고 다른 한쪽에는 객실의 무게와 같거나 조금 더 무거운 평형추가 연결되어 있다. 평형추가 본체와 탑승객의 무게를 상쇄하여 적은 힘으로도 움직일 수 있도록 만든 것이다. 실제로 투명한 외벽을 가진 엘리베이터가 오르내리는 모습을 살펴보면 객실이 움직이는 반대 방향으로 무거운 평형추가 매달려 오르내리는 것을 확인할 수 있다. 만약 엘리베이터에 평형추가 매달려 있지 않다면 더 큰 용량의 구동 모터가 필요하고 에너지 소모도 많게 된다. 모든 것을 내 힘으로 다하려하지 말고 적은 힘으로도 원하는 기능을 수행하게 도와줄 다른 힘을 찾아보자. 평형추를 활용한 일명 '묻어가기' 전략을 실천해보자.

{인기}에 묻어가기, 간접광고

기업은 자사의 상품을 홍보하기 위해서 TV를 통해서 광고를 내보내곤 한다. 시청자들의 눈을 사로잡을 수 있는 기발한 광고를 만들고 이를 TV를 통해서 보여주려면 많은 비용이 필요하다. 이러한 어려움을 해결하고자 최근에는 인기 있는 드라마를 통해서 간접적으로 제품을 노출시키는 PPL 광고 기법이 적극 활용되고 있다. 영화나 드라마 속에 소품으로 상품을 등장시켜서 자연스럽게 제품을 홍보하는 전략이다. 시청자들에게 큰 저항감 없이 다가가 제품을 소개하고 좋은 브랜드 이미지를 심어주는 효과가 있다. 유명한 연예인에게 자사의 제품을 협찬하여 자연스럽게 홍보 효과를 얻는 것도 비슷한 방법이다. 내가 원하는 효과를 얻기 위해 묻어갈 수 있는 대상을 찾아보자.

{무거운 추}에 묻어가기, 타워크레인

건설 현장에서 유용하게 활용되는 타워크레인은 동력을 사용하여 무거운 짐을 매달아 원하는 곳으로 이동시키는 장치이다. 타워크레인의 팔의 길이가 길면 길수록 작업반경이 넓어지는 효과가 있지만 팔의 무게가 무거워질 수 있다. 이러한 문제를 해결하기 위해 타워크레인의

24 타워크레인

짧은 팔 쪽에는 평형추가 매달려 있어서 긴 팔의 무게와 평형을 이루게 된다. 무게의 평형 덕분에 적은 동력으로도 무거운 짐을 안정적으로 이동시킬 수 있다. 또한 움직도르래를 활용하여 와이어 개수대로 무게를 분산하여 무거운 짐도 훨씬 가볍게 들어 올릴 수 있다. 무게의 평형 상태를 만들어 작동에 필요한 힘을 줄일 수 있는 것들을 찾아보자.

08
어떤 외부의 힘을
이용해 보겠습니까?

{엘레베이터}처럼
내 힘을 쓰는 대신 외부의 힘을 이용한 것은 어떤 것들이 있나요?

< 생각나누기 >
QR코드를 스캔하여
다른 사람들과 소통해보세요.
etriz.com/note/8

{ }에 묻어가기

내 힘을 쓰는 대신 묻어갈 수 있는 { }을 상상해볼까요?

09.
미리 손해
보는 { }

필요한 작용을 반대로 미리 수행해 보세요

선행반대조치

아홉 번째 발명원리는 요구되는 작용의 반대작용을 미리 수행해 보는 원리이다. '2보 전진을 위한 1보 후퇴'라는 말이 있다. 당장은 손해이지만 더 큰 이득을 얻기 위해 반대로 조치해 보라는 것이다. 어릴 적 가지고 놀던 자동차 장난감도 앞으로 나아가기 위해서는 먼저 뒤로 당겨야 했던 것과 같은 이치이다. 새로운 도약을 위해 잠시 물러날 것은 무엇인지 살펴보자.

미리 손해 보는 {주사}, 예방접종

예방접종은 병을 예방하기 위해 백신을 체내에 투여하여 면역력을 인공적으로 생기게 하는 방법이다. 병이 걸리기 전에 미리 약한 병원균을 몸속에 투입하면 이에 견딜 수 있는 항체가 만들어진다. 항체가 생기면 실제로 강한 병원균이 침투하더라도 항체의 면역력 덕분에 병에 걸리지 않게 된다. 면역력을 확보하기 위해 약한 병원균을 활용한 선행반대조치이다. 인류는 기원전 1000년경부터 예방접종을 해왔다고 전해진다. 천연두와 같은 전염성 질환을 일으키는 미생물을 배양하여 병원성을 죽이거나 약하게 한 뒤에 사람에게 투여하여 질병이 걸리는 것을 예방하였다. 병원에서 엉덩이에 주사를 맞을 때면 주사를 놓기 전에 엉덩이를 손바닥으로 살짝 때리는 것도 비슷한 원리이다. 미리 근육의 긴장을 완화시켜 주사 바늘이 들어갈 때의 통증을 줄여주기 위한 조치이다. 엉덩이를 맞은 작은 통증 덕분에 주사 바늘로 인한 통증을 덜 느낄 수 있다. 작은 통증으로 큰 통증을 완화시키는 선행반대조치이다. 더 큰 이득을 얻기 위해 미리 손해를 봐도 될 만한 것들을 찾아보자.

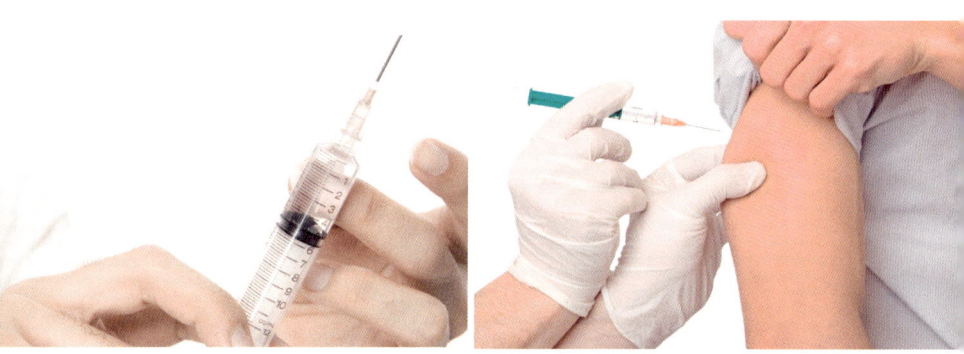

25 예방접종

26 특허청

미리 손해 보는 {사업}, 특허 출원

특허는 지식재산권을 보호하는 것은 물론이고 기술을 공개하여 산업의 발전을 이루기위해 만들어진 제도이다. 만약 모든 사람들이 자신의 기술을 숨기고 있다면 우수한 기술이 널리 전파될 수 없을 것이다. 특허를 출원하려면 나만이 알고 있는 기술이나 아이디어를 다른 모든 사람이 알기 쉽도록 공개해야 한다. 자신만의 기술을 세상에 공개하는 대신에 특허로 등록되면 일정 기간 독점적인 권리를 인정받을 수 있다. 기술을 널리 공개하여 산업 발전에 활용될 수 있도록 일정 기간 동안은 독점을 허용하는 선행반대조치이다. <u>임시로 독점을 허용해주는 대신에 나중에는 모두가 함께 활용할 수 있는 것들을 찾아보자.</u>

미리 손해 보는 {기술 공개}, 민간투자사업

정부가 주도하는 사회간접자본 건설에 민간이 투자하도록 하는 사업이다. 민간의 투자를 받게 되면 예산상의 문제로 정부가 시행하지 못하는 사업을 조기에 시행할 수 있다. 추진 방식에는 여러 가지가 있는데 대표적인 방식은 BTO$^{Build-Transfer-Operate}$ 이다. 민간 기업이 사회간접자본 시설을 건설하고 그 소유권을 정부에 이전하는 것이다. 대신에 민간 기업은 일정기간 시설관리운영권을 부여받아 수익을 창출할 수 있다.

국가의 사회간접자본의 확충을 위해 미리 운영권리를 일정 기간 넘겨주는 선행반대조치이다.

09

2보 전진을 위해
어떻게 1보 후퇴를 하겠습니까?

탐색노트 09.선행반대조치

{예방접종}처럼
미리 반대로 수행하는 것에는 어떤 것들이 있나요?

< 생각나누기 >
QR코드를 스캔하여
다른 사람들과 소통해보세요.
etriz.com/note/9

09.선행반대조치 | 상상노트

미리 손해 보는 { }

{ }을 어떻게 미리 반대로 해볼 수 있을까요?

선행반대조치

10.
미리
해두는 { }

바로 작동할 수 있게 미리 해보세요

선행조치

열 번째 발명원리는 바로 작동할 수 있도록 필요한 조치를 미리 해두라는 선행조치 원리이다. 낚시하기 전에 미리 떡밥을 뿌리거나 물고기들이 많이 모여들 수 있게 불을 환하게 켜두는 것도 선행조치의 원리이다. 한 렌터카 회사는 고객이 출발하기 전에 미리 냉방이나 난방을 작동시켜 고객들에게 좋은 반응을 얻을 수 있었다. 바로 작동할 수 있도록 미리 해둘 수 있는 것들을 찾아보자.

미리 해두는 {화장지}, 두루마리 화장지

두루마리 화장지에는 작은 구멍으로 이어진 점선이 있어 필요한 만

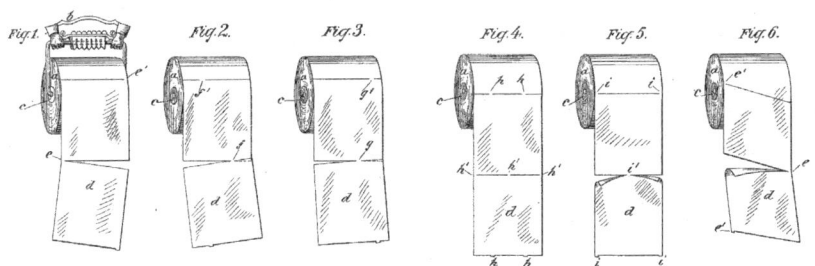

27 화장지 절취선 특허 (1891년)

큼 쉽게 잘라서 사용할 수 있다. 지금처럼 자르는 선이 없었을 때에는 휴지를 적당한 길이로 자르기가 매우 불편했다. 이러한 문제를 해결하기 위해서 1891년 미국의 발명가인 세스 휠러Seth Wheeler는 최초로 자르는 선이 있는 화장지를 발명하여 미국 특허(US 459,516)를 취득했다. 얇고 긴 종이에 일렬로 구멍을 미리 뚫어서 자르는 선을 만들어서 손쉽게 끊어서 쓸 수 있도록 만든 것이다. 그가 등록한 특허 명세서 상의 그림을 보면 화장지의 끝이 바깥쪽을 향하고 있다. 아마도 이는 휴지가 잘라지는 위치를 사용자가 바로 확인할 수 있게 하기 위함일 것이다. 실제로 화장지 끝 부분을 안쪽으로 두면 바깥쪽으로 둘 경우보다 6칸 정도를 더 쓰게 된다는 실험 결과가 최근 발표되기도 했다. 절취선이 보이지 않아서 필요한 양보다 더 많은 화장지를 풀어서 쓰게 되는 것이다. 점선이 있는 화장지는 많은 사람들이 느끼는 불편을 알아차리고 미리 필요한 조치를 수행한 사례이다. 시간을 절약하고 자원의 낭비를 줄이기 위해 미리 해둘 것들은 무엇이 있는지 살펴보자.

미리 해두는 {쌀}, 씻어 나온 쌀

쌀을 미리 세척하여 바로 밥을 지을 수 있도록 만든 제품이다. 쌀을 잘 씻은 뒤에 말려서 포장했다. 포장지를 뜯고 물만 부으면 바로 밥을 지을 수 있다. 쌀을 씻기 불편한 야외에서 편리하게 활용할 수 있고 바쁜 생활 속에서 일일이 쌀을 씻어서 조리할 시간이 부족한 직장인들에게도 인기를 얻고 있다. 세척이라는 작용을 미리 수행하여 바로 밥을 지을 수 있도록 한 선행조치이다. 사과와 같은 과일도 미리 씻어서 개별 포장하여 씻지 않고 바로 먹을 수 있게한 사례도 동일한 이치이다. 남의 것과 차별화된 가치를 제공하기 위해 미리 해둘 수 있는 작업을 찾아보자.

미리 해두는 {매트}, 먼지 제거용 점착 매트

반도체와 같은 정밀 부품을 제조하거나 식품을 제조하는 곳에서는 작은 오염 물질도 들어가지 않도록 철저한 관리가 필요하다. 특히나 신

28 먼지 제거용 점착 매트

발에 묻은 이물질도 꼼꼼하게 사전에 제거하는 것이 중요하다. 작업장 입구에 먼지 제거용 점착 매트를 배치하면 입장하기 전에 사람들이 매트를 밟고 지나가기만 해도 이물질이 자동으로 제거되게 할 수 있다. 필요한 곳에 점착 매트를 미리 배치하여 먼지 제거라는 기능이 바로 작동될 수 있게 한 선행조치이다. 이처럼 길목에 미리 배치하여 해로운 것을 제거할 수 있는 방법을 찾아보자.

10

**어떤 작용을
미리 수행해 놓겠습니까?**

탐색노트 10.선행조지

{절취선}처럼
바로 작동할 수 있게 미리 해둔 것에는 어떤 것들이 있나요?

< 생각나누기 >
QR코드를 스캔하여
다른 사람들과 소통해보세요.
etriz.com/note/10

미리 해두는 {   }

{   }에 무엇을 미리 해두면 바로 작동하게 할 수 있을까요?

11.
위험을
대비한 { }

비상 시 사용 가능한 수단을 준비해 보세요

사전예방

열한 번째 발명원리는 신뢰성이 높지 않은 경우 미리 비상수단을 준비하는 사전 예방이다. 선행조치가 더 좋은 결과를 얻기 위해 필요한 요소를 미리 배치해 두는 것이라면 사전 예방은 나쁜 결과를 막기 위해서 비상 시 작동할 수 있는 수단을 갖추어 두는 것이다.

위험을 대비한 {쿠션}, 에어백

에어백은 자동차 사고의 충돌 위험에 대비한 사전 예방 조치이다. 자동차에 에어백이 설치되기 전에는 안전벨트가 유일한 안전 수단이었다. 안전벨트를 착용하더라도 사고로 큰 충돌이 발생하면 차량의 대시

29 에어백

보드에 머리를 부딪쳐 크게 다치는 경우가 많았다. 에어백을 고안하여 특허를 받은 사람은 미국의 존 헤트릭$^{John\ Hetrick}$이다. 그는 장애물을 피하기 위해 급제동하다가 교통사고를 겪고 나서는 자동차의 충돌 시에 안전을 확보할 수 있는 방법을 고민하였다. 미 해군 엔지니어로 근무하면서 압축 공기 지뢰를 개발한 경험에서 착안하여 충격을 받으면 급속도로 풍선이 부풀어 올라 승객을 보호하는 에어백을 발명하였다. 그의 에어백 특허(US 2,649,311)는 1953년에 등록되었다. 늘 안전한 자동차 개발에 대한 질문을 품고 있었기에 전혀 다른 분야의 경험에서 창의적인 답을 찾게 된 것이다. 비상시에만 작동할 수 있는 비상수단을 미리 준비해보자.

위험을 대비한 {의자}, 안전벨트

에어백과 함께 자동차에서 필수적인 안전장치가 안전벨트이다. 안

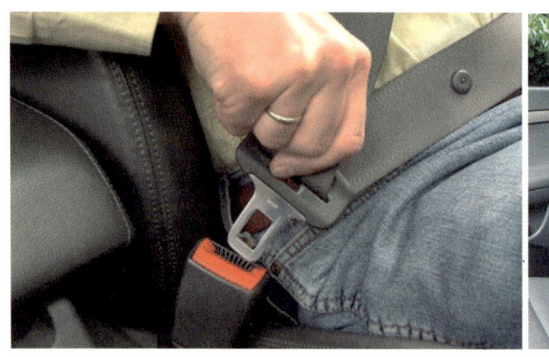 

30 안전벨트

전벨트는 평상시에는 자유로운 상태로 있다가 강한 충격을 받게 되는 비상 상황에만 벨트를 고정하여 승객을 보호해 준다. 안전벨트 시스템 내부에는 무게추가 있는데 충돌이 발생하면 관성에 의해 무게추가 앞으로 쏠리게 된다. 무게추의 이동에 의해 벨트가 더 이상 풀리지 않도록 고정되는 구조를 가지고 있다. 안전벨트를 매지 않았을 때 삐삐 알람을 울려서 매도록 유도하는 것도 사전 예방 조치 중의 하나로 볼 수 있다. 사고로 인한 부상을 막기 위해서 자동차에 필요한 새로운 안전장치는 무엇이 있을지 생각해보자.

위험을 대비한 {전선}, 퓨즈

퓨즈는 전선에 규정한 값 이상의 과도한 전류가 흐르면 더 이상 전류가 흐르지 못하도록 하는 장치이다. 납이나 주석, 아연과 같이 비교적 낮은 온도에서 녹는 금속으로 구성하여 과도한 전류가 흐르면 전선이 녹아서 끊어지는 원리이다. 과전류로 회로가 타서 전체를 사용하지 못하게 되거나 이로 인한 화재를 막기 위해서 준비된 비상수단이라고 볼 수 있다. 이처럼 항상 발생하지는 않지만 한번 발생하면 큰 손해를 보는 경우를 대비할 수 있는 비상수단을 생각해보자.

31 퓨즈

11

어떤 비상수단을
미리 준비하겠습니까?

탐색노트 11.사전예방

{에어백}처럼
비상 시 사용 가능한 수단에는 어떤 것들이 있나요?

< 생각나누기 >
QR코드를 스캔하여
다른 사람들과 소통해보세요.
etriz.com/note/11

위험을 대비한 { }

위험을 대비할 수 있는 {   }은 무엇인가요?

12.
눈높이 { }

원하는 수준이 되도록 주변의 환경을 변화시켜 보세요

높이맞추기

열두 번째 발명원리는 내 시스템을 변경하는 대신 주변의 환경을 변화시켜 원하는 수준을 맞추는 원리이다. 키가 작은 사람들은 당장 키가 커지기를 바라겠지만 갑자기 커질 수는 없다. 이 때 환경을 변화시킬 수 있는 방법은 신발 안에 깔창을 까는 것이다. 깔창의 도움으로 키가 커보이게 할 수 있다. 요구되는 수준을 맞출 수 있는 나만의 깔창을 찾아보자.

눈높이 {건축}, 피라미드

피라미드는 이집트가 자랑하는 거대한 건조물이다. 가장 큰 피라미드로 알려져 있는 쿠푸왕의 피라미드는 기단의 길이가 230미터, 높이가 146미터에 달한다고 한다. 피라미드는 평균 2.5톤인 무거운 석재들을 쌓아올려서 만들어졌다. 요즘처럼 중장비가 없던 시대에 어떻게 무거운 돌을 높은 곳까지 옮길 수 있었을까? 일단 채석장에서 뗏목을 타고 옮겨온 돌은 강가에서 건설현장까지 굴림대를 이용해서 운반했다. 둥근 통나무를 무거운 돌에 받치고 굴리면 적은 힘으로도 옮길 수 있다. 무거운 돌을 드는 대신에 굴림대를 활용하여 밀기만 하면 이동할 수 있는 환경을 만든 것이다. 높은 곳에 옮기는 방법에 대해서는 다양한 설이 있지만 가장 많이 알려진 방법은 피라미드 측면에 완만한 경사로를 만들어 운반하는 것이다. 피라미드가 높아짐에 따라 경사로도 함께 석재를 쌓아야할 높이만큼 흙을 쌓아올려 높이를 맞춘다. 경사로의 기울기를 일정하게 유지하기 위해서 경사로의 길이는 점점 길어지게 된다. 산을 오르는 도로가 지그재그로 되어있는 것을 생각하면 된다. 정상까지 쌓고 나면 반대로 경사로의 높이를 서서히 낮추어 가면서 외관을 완성시켰다. 둥근 통나무를 이용한 굴림대와 축조할 높이에 맞는 경사로를 활용하여 힘을 덜 들이고 석재를 운반할 수 있는 환경을 만든 것이다. 피라미드 축조의 지혜처럼 환경을 변화시켜 원하는 수준을 맞출 수 있는 방법을 찾아보자.

32 피라미드

33 무거운 돌을 옮기는 방법

34 IKO 크리에이티브 의수 시스템

눈높이 {의수}, 어린이전용 의수

장애 아동들을 위해 특별히 고안된 인공 의수가 있다. 디자이너 카를로스 토레스가 개발한 이 의수의 명칭은 'IKO 크리에이티브 의수 시스템' 로 조립 블록 장난감인 레고를 활용하여 만들어졌다. 장애를 가진 아동들이 직접 레고 블록을 활용하여 자신이 사용할 의수를 직접 설계하고 변형할 수 있도록 했다. 신체의 불편함으로 인해 차별이나 놀림을 받아서 피해의식이나 열등감을 갖기 쉬운 장애 아동들을 위해서 아이들 수준에 맞는 환경을 만든 사례이다. 아이들의 마음을 세심하게 배려하여 의수를 불편하게 여기지 않고 즐거운 장난감으로 여길 수 있도록 했다. 이처럼 특별한 상황에 처한 사람들의 눈높이에 맞게 주변의 환경을 변화시켜보자.

눈높이 {버스}, 저상버스

휠체어를 탄 장애인들이나 지팡이를 짚은 노인들은 버스를 이용할 때 불편을 겪는 경우가 많다. 버스의 출입구에 설치된 계단이 높아 쉽게 오르내리기가 쉽지 않기 때문이다. 이러한 불편을 해결하기 위해 개발된 것이 저상버스이다. 차체 바닥을 낮게 설계하여 보도의 높이와 거의 차이가 없기 때문에 계단을 오르지 않고도 쉽게 탑승할 수 있다. 덕분에 장애인들은 물론이고 몸이 불편한 노인이나 어린이들도 안전하고 편리하게 버스를 이용할 수 있다.

12

**어떤 환경을 변화시키면
원하는 수준에 맞출 수 있습니까?**

{저상버스}처럼
원하는 수준을 맞추기 위해 환경을 변화시킨 것은 어떤 것들이 있나요?

< 생각나누기 >
QR코드를 스캔하여
다른 사람들과 소통해보세요.
etriz.com/note/12

눈높이 {　}

{　}을 어떻게 바꾸면 원하는 수준에 맞출 수 있을까요?

13.
거꾸로 { }

모든 것을 반대로 바꾸어 보세요

반대로

열세 번째 발명원리는 순서나 위치를 기존과 반대로 바꾸는 원리이다. 물구나무를 서듯이 뒤집어보면 세상은 전혀 다르게 보인다. 고정된 부분을 움직이게 만들고 움직이던 것을 고정시켜보자.

거꾸로 {운동장}, 트레드밀

움직임을 반대로 만든 대표적인 장치가 바로 실내에서 달리기 운동을 하는 데에 쓰이는 트레드밀^{Treadmill} 이다. 놀랍게도 본래 트레드밀은 운동기구가 아니었다. 1800년대 영국에서 죄수들에게 노동을 시키기 위해서 만든 형벌도구라는 흑역사가 있다. 죄수들이 발로 밟아서 곡

 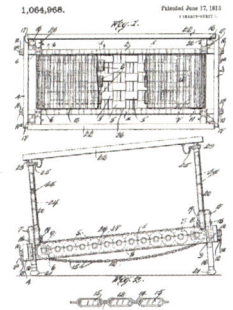

35 트레드밀　　　　　　　　　　36 트레드밀 관련 특허 (1913년)

는 의미의 영어 'tread'와 '분쇄 기구'라는 의미의 영어 'mill'이 합쳐진 단어로 불리는 것이다. 트레드밀은 발판에 회전무한궤도의 벨트를 장착하여 사람이 뛰면 발판이 계속 움직이도록 설계되어 있다. 이를 운동 기구로 활용하게 되면서 좁은 실내 공간에서도 날씨와 상관없이 장거리 운동을 할 수 있게 되었다. 울퉁불퉁하고 딱딱한 실제 도로에서 달릴 때보다 신체가 받는 충격이 적어서 안전하게 운동을 할 수 있다. 오늘날 널리 사용되는 방식의 트레드밀은 1913년에 특허(US 1,064,968)가 등록되었고 그 인기는 현재까지도 계속되고 있다. 사람 대신 바닥이 움직이는 트레드밀처럼 공간의 제약을 극복하기 위해 작용을 반대로 할 수 있는 것들을 찾아보자.

거꾸로 {출판}, 주문형 도서출판

출판사들은 일반적으로 일정 양의 책을 미리 만들어서 쌓아두고 소비자들에게 판매한다. 이러한 제조방식은 판매가 잘 될 경우에는 매우 효과적이지만 그렇지 못할 경우에는 재고가 쌓이는 문제가 있다. 또한 초기에 생산 비용이 많이 발생하므로 소수의 독자들을 대상으로 하는 책은 출판되기 어렵다. 이러한 문제들을 해결하기 위해서 최근 주문형 출판이 인기를 얻고 있다. 미리 책을 만들어서 쌓아두는 방식과는 반대로 소비자가 주문하면 그 즉시 책을 인쇄하는 방식이다. 전자 파일을 저장해 두었다가 한 권씩 만들어서 보내면 되므로 재고가 쌓일 염려가 없고 관리 비용도 절감할 수 있다. 덕분에 오래 되어 절판되거나 비교적 잘 알려지지 않은 희귀한 책들도 언제든지 주문하여 받아볼 수 있게 되었다. 미리 만들어놓고 파는 방식과 반대로 주문을 받은 후에 만들면 좋은 것들을 찾아보자.

거꾸로 {우산}, 카즈브렐라

비가 오는 날이면 불편한 점이 한두 가지가 아니다. 우산에 묻은 빗물이 바닥에 고여서 미끄러지거나 버스나 지하철에서 젖은 우산에 옷이 젖는 경우도 있다. 젖은 우산을 담을 수 있는 일회용 비닐커버는 한

37 거꾸로 접는 우산 카즈브렐라

번 쓰고 버려지기에 자원의 낭비와 환경오염이라는 문제가 추가로 발생한다. 이러한 문제를 해결하기 위해 기존 우산을 거꾸로 뒤집어서 만든 우산이 있다. 영국의 디자이너이자 발명가인 제난 카짐Jenan Kazim이 발명한 카즈브렐라Kazbrella 우산이다. 기존 우산과는 반대로 우산 날개가 위쪽 방향으로 접혀서 비에 젖은 면이 안쪽으로 들어가고 젖지 않은 안쪽 면이 바깥으로 나온다. 젖은 부분을 안쪽에 가두기 때문에 빗물이 바깥으로 흐르지 않게 되었다. 차에 타면서 우산을 접을 때에도 차 문을 조금만 연 상태에서 쉽게 접을 수 있다. 우산의 접는 방향을 반대로 함으로써 보다 편리하게 활용할 수 있는 우산을 발명할 수 있었다. 접히는 방향을 반대로 하면 좋아지는 것들을 찾아보자.

13

**무엇을
반대로 해보겠습니까?**

탐색노트 13.반대로

{콜택시}처럼
기존과는 반대로 작동하게 한 것에는 어떤 것들이 있나요?

< 생각나누기 >
QR코드를 스캔하여
다른 사람들과 소통해보세요.
etriz.com/note/13

거꾸로 {   }

{   }을 어떻게 반대로 만들어볼까요?

14.
동그란 { }

직선인 것들을 둥글게 만들어 보세요

구형화

열네 번째 발명원리는 곧은 것을 둥글게 만드는 구형화이다. 갈대는 몸을 구부려 휘어지기 때문에 아무리 거센 바람이 불어도 쉽게 부러지지 않는다. 교량이나 건축물을 설계할 때에도 외관과 강도를 고려하여 아치형으로 설계하기도 한다. 외부에서 가해지는 힘을 이겨내기 위해 둥근 요소들을 도입해보자.

동그란 {문}, 회전문

우리가 건물을 드나들기 위해서 문을 이용한다. 문은 사람들이 쉽게 드나들기 위해서는 열려있어야 하고 단열을 위해서는 닫혀있어야

 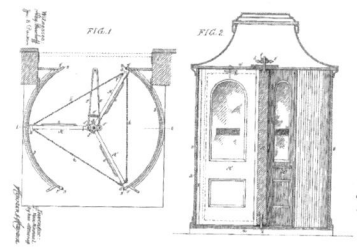

38 회전문   **39** 회전문 특허 (1888년)

한다. 열려있기도 하고 닫혀있기도 해야 하는 모순이 존재하는 것이다. 이 문제의 모순은 어떻게 해결할 수 있을까? 우리가 생각할 수 있는 이상해결책은 문이 열려있음에도 단열이 잘 되거나 문이 닫혀있음에도 사람들이 쉽게 드나들 수 있는 상태이다. 실제로 이러한 이상적인 문이 발명되었는데 바로 기존의 문을 구형화한 회전문이다. 미국의 발명가 밴 카넬이 1888년에 특허(US 387,571)를 취득한 발명으로 세 개의 날개가 달린 형태로 '바람을 막아 주는 문'이란 이름이 붙었다. 날개가 회전하면서 어떤 위치에서도 항상 밀폐된 상태를 유지하기 때문에 내부 공기가 외부로 빠져나가지 않도록 막아주어 에너지 효율을 높일 수 있다. 열려있기도 하고 닫혀있기도 해야 하는 모순을 구형화를 통해 해결한 것이다. 또한 기존의 미닫이나 여닫이문과는 달리 한 방향으로 문이 계속 돌아가기 때문에 안과 밖 양쪽에서 동시에 드나드는 것이 가능하다. 양방향으로 지나려는 사람들이 서로 충돌하거나 바람에 의해 문이 갑자기 닫히는 불편도 없다. 빙글빙글 돌아가는 회전문처럼 직선운동을 회전운동으로 바꾸면 좋은 것들을 찾아보자.

동그란 {톱}, 원형 톱

단단한 나무를 자르는 톱은 원래 칼과 같은 직선 형태였다. 직선 톱으로 두꺼운 나무를 자르기 위해서는 한 방향으로 계속 강한 힘을 주어야 한다. 때문에 두꺼운 나무를 원하는 각도로 절단하려면 시간도 오래 걸리고 힘도 많이 들었다. 이러한 문제를 해결하고자 1777년 영국에서 최초로 원형 톱에 대한 특허가 등록되었다. 기존의 직선 형태의 톱을 원형으로 바꾸어 칼날이 회전할 수 있도록 만든 사례이다. 원형의 톱날을 고속으로 회전시키면서 연속적인 절단이 가능해서 기존 직선 톱에 비해서 두꺼운 나무도 빠르게 자를 수 있다. 때문에 원형 톱은 목재공업에서 핵심적인 공구로 지금도 사용되고 있다. 길고 반듯한 것을 원형으로 바꾸면 어떤 좋은 점이 생기는지 검토해보자.

동그란 {교차로}, 회전 교차로

교차로에는 일반적으로 여러 대의 신호등이 설치되어 있다. 제각기 원하는 방향으로 가려는 차들이 차례대로 기다려서 이동하도록 신호

40 회전교차로

를 보내줘야 되기 때문이다. 많은 차들이 일시에 몰리는 출퇴근 시간에는 신호 대기로 인해 교차로를 중심으로 교통 정체가 발생할 수 있다. 이러한 문제점을 해결하기 위해서 최근에는 기존 교차로를 구형화한 회전교차로가 적극 도입되고 있다. 회전교차로는 1960년대 영국에서 처음 도입되기 시작하였는데 회전문과 동일한 작동방식을 자동차 통행 시스템에 적용한 것이다. 차들이 한쪽 방향으로 빙빙 돌면서 이동하기 때문에 원하는 방향으로 짧은 시간 내에 많은 차량이 빠져나갈 수 있다. 신호가 바뀌기를 기다릴 필요가 없으므로 엔진 공회전으로 인한 환경오염도 줄일 수 있다. 각진 것을 둥글게 만들면 연속적인 작용을 만들 수 있다.

14

**무엇을
둥글게 만들겠습니까?**

14. 구형화

{회전교차로}처럼
직선인 것을 둥글게 만든 것은 어떤 것들이 있나요?

< 생각나누기 >
QR코드를 스캔하여
다른 사람들과 소통해보세요.
etriz.com/note/14

14.구형화 상상노트

동그란 { }

{ }을 어떻게 둥글게 만들어볼까요?

구형화 | 105

15.
변신 가능한 { }

고정된 것들을 서로 상대적으로 움직이게 해보세요

역동성

열다섯 번째 발명원리는 상황 변화에 최상의 성능을 얻을 수 있도록 고정된 것들을 움직일 수 있게 만드는 역동성 원리이다. 우리 몸의 작게 분할된 뼈들은 관절로 연결되어 있어 원하는 동작을 자유롭게 할 수 있다. 고정되어 움직일 수 없는 요소들이 있다면 상대적으로 움직일 수 있도록 관절을 추가해보자.

변신 가능한 {자전거}, 자전거

자전거는 오랜 진화를 거듭하였다. 초기 자전거는 방향 조정이 불가능했는데 이 문제는 핸들을 장착하여 해결되었다. 이후 페달로 바퀴를 돌리는 형태의 자전거가 개발되었는데 페달이 앞바퀴에 달려있어서 앞바퀴가 클수록 한 번의 회전으로도 더 멀리 나아갈 수 있다. 그래서 앞바퀴는 크고 뒷바퀴는 작은 자전거가 유행하였다. 하지만 앞바퀴가 크면 클수록 페달을 돌리며 중심을 잡기가 어려워서 자전거에서 떨어져 부상을 당하는 문제가 생겼다. 이에 오늘날처럼 페달을 두 바퀴의 중앙에 설치하여 체인으로 뒷바퀴를 굴리는 방식의 안전한 자전거가 발명되었다. 앞바퀴에 고정되었던 페달을 분리하여 체인으로 뒷바퀴와 연결하는 역동성의 원리를 적용한 것이다. 덕분에 두 바퀴의 크기가 비슷하게 만들어져서 안정적으로 자전거를 탈 수 있게 되었다. 자전거는 무겁고 부피가 크기 때문에 타지 않을 때에는 운반이 매우 힘들다. 이러한 불편을 해결하기 위해서 자전거의 부피를 최소화하여 접었다가 다시 펼쳐서 탈 수 있는 접이식 자전거가 발명되었다. 기존의 고정된 요소를 움직이도록 분할하여 용도에 따라서 접었다 폈다 할 수 있도록 만

41 접이식 자전거

42 페달이 중앙에 있는 안전 자전거

든 것이다. 덕분에 간편하게 보관할 수 있고 대중교통 수단을 이용할 때에도 휴대할 수 있다. 이처럼 고정된 요소를 움직일 수 있도록 변경하면 새로운 진화의 과정을 만들어갈 수 있다. 과연 다음 단계의 자전거는 어떤 모습일지 상상해보자.

변신 가능한 {버스}, 굴절버스

버스의 길이가 길면 많은 사람을 태울 수 있는 장점이 있는 반면에 모퉁이를 회전하기 힘들게 된다. 버스의 길이가 길더라도 모퉁이를 잘 회전할 수 있도록 개발된 버스가 두 개의 승객실을 연결한 굴절버스이다. 굴절버스는 두 칸이어서 많은 사람들을 태울 수 있고 움직이는 방향에 따라 관절 부분이 유연하게 접힐 수 있기 때문에 모퉁이를 회전할 때에도 문제가 없다. 굴절버스는 일반 버스에 비해 2.5배의 수송능력이 있다고 한다. 두 버스 사이에 관절을 만들어 유연한 움직임을 만든 굴절버스처럼 어떤 것들을 관절로 연결하면 좋을지 생각해보자.

43 굴절버스

변신 가능한 {가구}, 소파 침대

고시원이나 원룸처럼 좁은 공간에는 부피가 큰 가구들을 모두 배치하기 어려운 경우가 많다. 이러한 문제를 해결하기 위해 개발된 것이 바로 소파 침대이다. 평소에는 소파로 활용하다가 침대가 필요할 때에는 침대로 변신시킬 수 있도록 가구의 구성부품들을 상대적으로 움직일 수 있게 하였다. 필요에 따라서 소파나 침대로 모양이 바뀌기 때문에 좁은 공간을 효과적으로 활용할 수 있고 여러 개의 가구를 구입할 필요가 없어서 경제적이다. 고정된 요소들에 역동성을 부여하여 여러 용도로 활용할 수 있는 가구들이 다양하게 개발되고 있다.

15

어떤 요소들을
상대적으로 움직이게 하겠습니까?

탐색노트 15. 역동성

{굴절버스}처럼
고정된 것들을 상대적으로 움직일 수 있게 만든 것에는 어떤 것들이 있나요?

< 생각나누기 >
QR코드를 스캔하여
다른 사람들과 소통해보세요.
etriz.com/note/15

변신 가능한 {　}

{ }의 어떤 고정된 부분을 상대적으로 움직이게 해볼까요?

16.
무한 { }, 2%부족한 { }

원하는 수준보다 아예 많게 혹은 적게 만들어 보세요

과부족

열여섯 번째 발명원리는 원하는 수준을 정확히 맞추려고만 하지 말고 조금 많게 하거나 적게 해보라는 과부족의 원리이다. 과부족의 원리는 우리가 앞서 배운 모순을 다룰 때에도 유용하다. 이상해결책을 검토할 때 요구되는 조건을 보다 심화시킨 상황에 대해 질문을 던져보는 것이다. 예를 들면 '자석이 강하더라도'가 아니라 '자석이 지금보다 훨씬 강하더라도'라는 조건을 달아볼 수 있다. 반대의 경우라면 '자석이 약하더라도' 대신 '자석이 아예 없더라도'라는 상황을 생각해보자.

2% 부족한 {항공사}, 저비용항공사

서비스의 효율화와 비용 절감을 통해 낮은 운임으로 운행하는 항공사를 저비용항공사Low Cost Carrier 라고 한다. 저비용항공의 시초는 1971년 사업을 시작한 미국의 사우스웨스트 항공Southwest Airlines 이다. 사우스웨스트는 비용 절감을 위해 다양한 분야에서 기존 대형항공사보다 부족한 조치를 취하였다. 예를 들면, 오직 보잉737 한 기종만을 운용하여 항공기 유지관리비를 절약하고 기내서비스는 최소화하거나 유료화하였다. 비행기 좌석도 전석을 이코노미석으로 좁게 배치하여 최대한 승객을 많이 태울 수 있게 하였다. 심지어 항공권도 바코드를 출력한 값싼 재질의 영수증으로 대체하였다. 이러한 시도들을 통해 낮은 운임을 책정한 덕분에 저비용항공사가 인기를 끌면서 유럽에 이어 아시아 지역에도 널리 확산되었다. 국내에는 제주항공, 진에어, 부산에어, 티웨이항공 등이 국내노선과 일부 국제노선을 운항하고 있다. 꼭 필요한 기능만을 남기고 모든 분야에서 기존보다 부족한 조치를 취하여 비용을 절

44 사우스웨스트 항공

45 제주 항공

감한 것이다. 저비용주스매장이나 테이크아웃 커피전문점도 비슷한 이치로 이해할 수 있다. 꼭 필요한 것만 남기고 저렴한 비용으로 만들 수 있는 새로운 서비스는 무엇이 있을지 생각해보자.

2% 부족한 {살균}, 저온 살균법

인류는 아주 오래전부터 우유를 먹어왔는데 이전에는 우유를 따로 살균하지 않고 그대로 섭취했다. 갓 짠 우유는 비교적 신선하게 먹을 수 있었지만 남은 우유는 보관 중에 오염되어 비위생적인 상태로 섭취해야 할 때도 많았다. 고온 살균법이 개발된 이후로는 고온에서 짧은 시간 우유를 가열하여 살균한 뒤에 섭취하게 되었다. 하지만 우유를 고온 살균하게 되면 몸에 유용한 젖산균까지 사라질 수 있다. 이에 프랑스의 화학자인 루이 파스퇴르^{Louis Pasteur}는 우유를 섭씨 63도로 30분 동안 가열하여 박테리아나 곰팡이를 없애는 저온 살균 방식을 발견했다. 기존

46 루이 파스퇴르

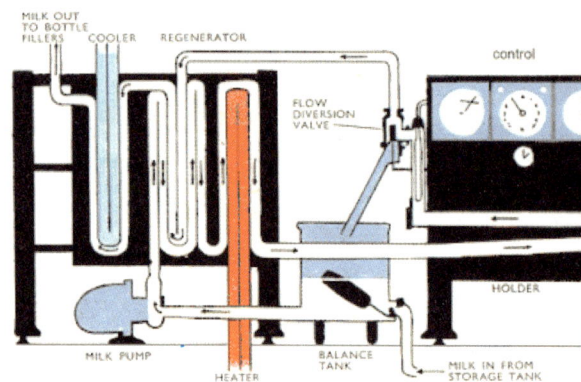

47 저온 살균 공정

보다 시간은 더 많게 하되 온도는 훨씬 낮추어 혁신을 만든 사례이다. 저온 살균법 덕분에 우유의 좋은 성분이나 맛은 보존하되 몸에 나쁜 세균을 효과적으로 제거할 수 있게 되었다. 최근에는 과즙, 맥주와 같이 다양한 분야에 저온 살균법을 적용하여 위생적인 식품을 만들고 있다. 이러한 공로를 인정받아 저온 살균법은 파스퇴르의 이름을 따서 파스퇴라이제이션^{Pasteurization} 이라고 불린다.

무한 {식당}, 뷔페식당

대부분의 무한 리필 식당은 셀프서비스로 운영되어 직원에게 일일이 요청할 필요 없이 고객이 원하는 만큼 가져다 먹을 수 있다. 또한 고객의 요구 수준보다 다양한 메뉴를 제공하여 조금씩 맛보고 자신의 입맛에 맞는 메뉴만 골라 먹을 수도 있다. 기존의 요구 수준보다 넘치도록 제공하여 만족스러운 결과를 만들어 낸 사례이다.

16

무엇을
부족하게 혹은 넘치게 하겠습니까?

{저비용항공사}처럼

원하는 수준보다 아예 많게 혹은 적게 한 것에는 어떤 것들이 있나요?

< 생각나누기 >
QR코드를 스캔하여
다른 사람들과 소통해보세요.
etriz.com/note/16

16.과부족 상상노트

무한 { }, 2% 부족한 { }

{ }의 무엇을 원하는 수준보다 많게 혹은 적게 만들어볼까요?

17.
입체 { }

선은 면으로, 면은 입체로 만들어 보세요

차원변경

열일곱 번째 발명원리는 1차원을 2차원 혹은 3차원으로 차원을 바꾸어 공간을 확장하고 다른 각도에서 바라보도록 만드는 차원변경이다. 차원을 확장하면 더 많은 것들을 한 곳에 담을 수 있다. 다른 각도에서 바라보면 기존에는 보이지 않았던 사용가능한 자원을 탐색할 수 있다. 새로운 세상을 원한다면 차원을 변경해보자.

입체 {건물}, 아파트
현대의 주거 공간인 아파트는 좁은 공간에서도 여러 세대가 함께 살 수 있도록 만든 새로운 차원의 공동주택이다. 아파트가 등장하기 전에는 좁은 지역에 많은 집들이 다닥다닥 붙어 있어서 채광이나 통풍이 제대로 되지 않았다. 공업화로 사람들이 도시로 몰려들면서 늘어나는 도시 인구를 기존의 주택으로는 감당할 수 없게 되자 그 대안으로 아파트가 등장하기 시작했다. 기존의 가로가 아닌 세로로 차원을 바꾸어 집을 높이 쌓아올린 새로운 주거 형태이다. 원래 로마 제국 시대부터 대도시에서 인구 과밀현상을 해결하기 위해 위로 쌓아올린 형태의 공동주택이 널리 활용되었다고 한다. 아파트는 좁은 땅에 많은 세대가 거주할 수 있어서 공간을 효율적으로 활용할 수 있다는 이점이 있다. 또한 동 사이 간격이 넓어서 채광과 통풍을 원활하게 할 수 있으며 사생활이 침해될 위험도 적다. 비슷한 원리로 주차 공간을 여러 층으로 높이 쌓아 올려서 만든 주차타워가 있다. 비좁은 도심에서 많은 차량을 효과적으로 보관할 수 있는 방법이다. 공간이 부족하다면 차원을 변경하여 입체로 만들어보자.

입체 {게임}, 포켓몬 고

포켓몬고 Pokemon GO는 2016년 나이안틱랩스 Niantic Labs 에서 출시한 위치 기반 증강 현실 AR Augmented Reality 게임이다. 증강 현실은 실제 공간에 디지털 콘텐츠를 결합하여 사용자와 상호작용이 가능하게 하는 기술로 최근 다양한 분야에 활용되고 있다. 이를 통해 포켓몬 고는 게임의 공간을 실제 삶의 공간으로 차원을 확장함으로써 기존의 모바일 게임과는 완전히 다른 사용자 경험을 창출했다. 실제로 포켓몬 고를 실행하고 길거리를 돌아다니다 보면 스마트 기기 화면 속에 포켓몬이 등장한다.

48 포켓몬 고　　　　　　　　　　　49 포켓몬 고 실행화면

가상의 아이템을 사용하면 실제 장소에 있는 포켓몬을 포획할 수 있다. 우리나라에도 2017년 1월부터 정식 출시되어 많은 사람들의 사랑을 받고 있다.

입체 {번호판}, 버스용 돌출형 번호판

사람들이 붐비는 버스 정류장에서 많은 버스가 동시에 도착하면 내가 탈 버스가 어디에 멈추어 있는지 찾기가 쉽지 않다. 이러한 문제를 해결한 발명(등록특허20-0466608)이 '돌출형 번호판'이다. 버스의 문이 열리는 동시에 번호판이 측면으로 돌출된다. 문이 열리는 동작에 의해 문에 결합된 번호판이 90도 회전하면서 멀리서도 잘 보이게 했다. 여러 대의 버스를 일일이 가까이 가서 확인할 필요 없이 멀리서도 쉽게 번호를 확인할 수 있다.

비슷한 원리로 유치원이나 어린이집 통학버스에 적용된 발명이 있다. 통학버스에 승하차할 때 어린이들이 교통사고를 당하지 않도록 통학버스가 멈추고 문이 열리면 돌출형 표지판이 보이도록 했다. 여닫이 형태의 승합차의 문을 열면 '천사의 날개'라고 이름이 붙여진 표지판이 접히면서 돌출되는 원리이다. 덕분에 주변의 차량이나 오토바이가 통학버스가 멈춰서 있는 것을 쉽게 인지하고 바로 멈추어 어린이들이 안전하게 승하차할 수 있게 되었다. 이 발명(등록특허10-0767273)은 2007년 '버스 위험경고장치'라는 이름으로 김성훈 발명가에 의해 등록되었다. '천사의 날개'는 어린이들의 안전을 지키고자 하는 많은 기업과 개인들의 후원으로 제작되어 배포되고 있다. '돌출형 번호판'과 '천사의 날개'와 같이 다른 각도에서 보여주면 좋은 것들을 찾아보자.

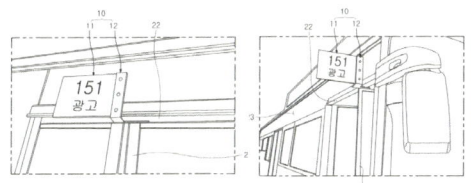

50 버스용 돌출형 번호판 특허 (2013년)　　　**51** 돌출형 번호판

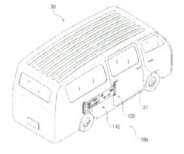 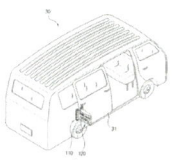

52 버스 위험 경고장치 특허 (2007년)　　　**53** 천사의 날개

17

어떤 다른 차원으로
변경해 보겠습니까?

17. 차원변경

{QR코드}처럼
선은 면으로, 면은 입체로 변경한 것은 어떤 것들이 있나요?

< 생각나누기 >
QR코드를 스캔하여
다른 사람들과 소통해보세요.
etriz.com/note/17

입체 {　}

{　}을 다른 차원(선, 면, 입체)으로 바꾸어볼까요?

18.
떨리는 { }

고정되어 있는 것을 떨리게 해보세요

진동

열여덟 번째 발명원리는 고정된 물체를 떨리게 하거나 때에 따라 다양하게 변화하도록 만드는 진동 원리이다. 모든 물체는 특정한 외부의 진동수의 힘이 가해질 때 진폭이 커지면서 에너지가 증가하는 현상인 공진이 발생한다. 공진을 일으키는 물체의 진동수는 물체마다 다른 고유한 특성인데 이를 고유진동수라 한다. 라디오 주파수를 맞추거나 전자레인지를 활용하여 음식을 데우는 것도 바로 이 공진 현상을 이용한 것이다. 의학 분야에서도 공진현상을 이용하여 자기공명영상촬영장치인 MRI를 만들어 병원에서 사용하고 있다. 이처럼 진동을 활용하여 고정되어 있는 것을 떨리게 하면 어떤 변화가 생기는지 검토해보자.

54 진동벨

떨리는 {벨}, 진동벨

커피전문점이나 음식점에서 사용하는 진동벨은 진동을 활용하여 일의 효율성을 높인 사례이다. 기존에는 주문한 음료가 나오면 직원이 직접 소리쳐서 알려주었는데 이는 다른 고객에게 불편을 끼치거나 소리가 작아 들리지 않는 경우도 있었다. 이러한 불편을 해결하고자 커피전문점에서는 진동벨을 도입하여 주문한 음료가 나오면 주문 고객에게만 진동으로 알려준다. 고객들은 음료가 나올 때까지 서서 기다릴 필요가 없고 직원들도 애써 소리쳐 부르지 않아도 된다. 이처럼 고정된 물체를 진동하게 하면 상황에 따라서 유익한 작용을 할 수 있다.

떨리는 {물}, 초음파 가습기

겨울철에 공기가 건조하면 가습기를 많이 사용한다. 기존에는 물을 끓여서 수증기를 만드는 가열식 가습기를 많이 사용했다. 가격이 비교적 저렴하지만 소음이 발생하고 뜨거운 수증기로 화상의 위험도 있었다. 이러한 단점을 해결하여 초음파를 활용한 가습기가 개발되었다. 초음파는 사람이 귀로 들을 수 있는 주파수 대역보다 높은 주파수를 뜻한다. 초음파 진동자에 전류가 흐르면 진동판이 진동하면서 물 분자의 덩어리들이 서로 부딪혀 분자들 사이에 진동을 전한나. 물 표면까지 전달된 진동으로 미세한 알갱이 상태의 물 입자가 만들어져 물표면 위로 튀어나오면 송풍기를 통해서 공기 중으로 내보낸다. 초음파 가습기는 가열식 가습기처럼 화상을 입을 염려가 없어서 안전하고 전력 소모량도 훨씬 낮다.

떨리는 {진단기}, 초음파 진단기

초음파 진단기는 무해한 초음파를 활용하여 인체 내부를 절개하지 않고도 볼 수 있게 해주는 장치이다. 초음파 진단기로 인체 내부로 초음파를 흘려보내면 상이한 생체조직을 다른 속도로 통과하는데 조직 사이의 경계부위를 지날 때마다 부분적으로 반사된다. 이 반사되는 신호를 전기적으로 변환하여 영상으로 보여주는 것이다. 생체조직마다 초음파가 통과되는 속도가 다름을 활용하여 만들어졌다. 이는 돌고래나 박쥐가 초음파를 발생하여 돌아오는 음파를 감지해서 장애물의 형태와 위치를 인지하는 것과 같은 원리이다. 이처럼 초음파를 활용하면 절개하지 않고서도 내부를 비교적 안전하게 볼 수 있고 사용이 간편하기 때문에 의료현장에서 많이 사용된다. 이처럼 동일한 진동에 다르게 반응하는 차이를 활용할 수 있는 것은 없는지 살펴보자.

55 초음파 가습기

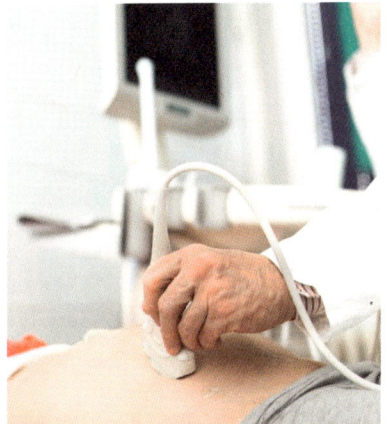

56 초음파 진단기

> **18**
>
> 무엇을
> 진동하게 하겠습니까?

{진동벨}처럼
물체를 떨리게 한 것은 어떤 것들이 있나요?

< 생각나누기 >
QR코드를 스캔하여
다른 사람들과 소통해보세요.
etriz.com/note/18

18. 진동 상상노트

떨리는 { }

{ }을 떨리게 해볼까요?

19.
띄엄띄엄 { }

일정한 주기를 가지고 수행하게 해보세요

주기적 작용

열아홉 번째 발명원리는 연속적으로 이루어지던 작용을 띄엄띄엄 이루어지도록 바꾸어보는 주기적 작용 원리이다. 실의 맨 끝에 추를 달아서 움직이게 하면 좌우로 일정한 시간 간격을 두고 움직이는데 이를 진자운동이라 한다. 진자운동은 추의 무게와 상관없이 매달아놓은 줄의 길이에 따라서 주기가 달라진다. 이는 진자시계나 가속도계 혹은 지진계와 같은 과학기구에도 응용되고 있다. 일정한 주기로 움직이는 시계추처럼 연속적인 조치를 주기적인 조치로 바꾸어보자.

띄엄띄엄 {신호}, 신호등

도로 위의 차량 통행을 조절하는 신호등 시스템은 주기적인 조치를 활용한 사례이다. 1903년 헨리 포드가 자동차를 발명한 이후로 미국의 도로는 마차, 보행자, 자전거, 자동차가 무질서하게 얽혀 있어 사고가 빈번히 발생하였다. 미국인 발명가인 가렛 모건Garrett Morgan은 잦은 자동차 사고를 목격한 이후 사고를 줄이기 위한 방법을 고심했다. 그는 정지와 출발 신호가 있는 T자 모양의 신호등을 고안하였는데 계속 이동하는 마차나 자동차들이 일단 멈추었다가 차례로 이동할 수 있도록 만든 것이다. 신호등을 설치한 이후로 신호등에 따라 차량이 정지하면 보행자가 안전하게 길을 건널 수 있게 되었다. 무질서하게 여러 방향으로 얽혀있던 차들도 각기 신호에 따라서 주기적으로 통행할 수 있게 되었다. 신호등에 대한 발명은 1923년 특허로 등록되었다.

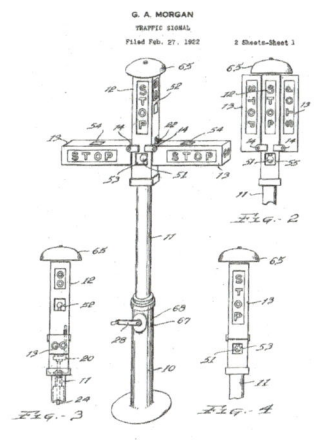

57 가렛 모건의 T자형 신호등 특허 (1923년)　　**58** 현대의 신호등

주기적 작용 | 131

59 차량 요일제

띄엄띄엄 {자동차 운행}, 차량 요일제

 도로에 운행되는 차량 수가 늘어나면서 날이 갈수록 교통 정체와 환경오염도 심해지고 있다. 이를 해결하기 위해서 서울시는 2003년부터 자율적 승용차 요일제를 추진하고 있다. 각 차량 별로 일주일 중 특정 요일을 정하여 해당 요일에는 운행을 하지 않도록 권장하는 제도이다. 항상 연속적으로 이용하던 차를 주기적으로 이용하도록 조절함으로써 도로 위의 차량 수가 줄어들게 되었다. 차량 요일제는 교통 정체와 환경오염을 해소하는 효과가 있어서 세계 각국에서 유용하게 활용되고 있다. 이처럼 주기적인 작용을 활용하면 그 사이의 빈 시간을 유용한 자원으로 활용할 수 있다.

띄엄띄엄 {거래}, 할부 거래

 고가의 가전제품이나 자동차는 일시불로 구입하기 어려울 수 있다. 이럴 때 할부 거래를 적용하면 물건을 먼저 받고 내야할 돈을 오랜 기간 동안 나누어낼 수 있다. 할부 거래는 기원전 2,500년경부터 고액의 토지를 거래할 때 활용되었다고 한다. 큰돈을 한 번에 모두 지불하는 대신 조금씩 나누어 내기 때문에 고가의 제품도 부담 없이 구입할 수 있다. 기업의 입장에서는 소비를 촉진시키는 매출 증대 효과가 있다. 필요한 자금을 은행에서 빌리고 대출 원금을 분할하여 이자와 함께 상환하는 대출도 유사한 주기적인 조치이다. 덩치가 큰 것을 작게 나누어 주기적으로 주고받으면 어떠한 새로운 변화가 생길 수 있는지 살펴보자.

> **19**
>
> **어떤 연속적인 작용을
> 주기적 작용으로 바꾸어 보겠습니까?**

{진동벨}처럼
일정한 주기를 가지고 수행하게 한 것에는 어떤 것들이 있나요?

< 생각나누기 >
QR코드를 스캔하여
다른 사람들과 소통해보세요.
etriz.com/note/19

19. 주기적 작용 상상노트

띄엄띄엄 {　}
{　}에 어떤 일정한 주기를 갖게 해볼까요?

주기적 작용

20.
끊임없는 { }

필요한 작용이 계속될 수 있게 해보세요

유익한
작용 지속

스무 번째 발명원리는 중간에 방해되는 요소를 제거하여 원하는 작용이 지속되도록 만드는 유익한 작용의 지속 원리이다. 특정한 계절에만 즐길 수 있는 스포츠나 물놀이를 일 년 내내 즐길 수 있도록 만든 4계절 테마파크도 유익한 작용을 지속하게 만든 사례이다. 이처럼 중간에 방해되는 요소를 제거하고 유익한 작용을 지속하게 만들어보자.

끊임없는 {상점}, 편의점

24시간 운영되는 편의점은 유익한 작용을 지속함으로써 불편함을 해결한 사례이다. 기존에는 판매점의 운영 시간이 정해져 있어서 이른

60 최초의 세븐일레븐 (1927년)   **61** 현대의 세븐일레븐

아침이나 늦은 시간에는 필요한 물건을 구입할 수 없었다. 이러한 불편함을 해결하기 위해 등장한 것이 편의점이다. 최초의 편의점은 1927년 미국의 작은 제빙회사인 '사우스랜드'가 시작했는데 처음에는 주로 얼음을 팔다가 빵이나 우유와 같은 다양한 식품을 취급했다. 이후에 오전 7시부터 밤 11시까지 영업한다는 뜻으로 세븐일레븐7-ELEVEn 이라는 상호를 지었다. 지금은 흔하게 있어 당연한 것으로 여겨지지만 처음으로 이른 아침부터 밤늦게까지 영업하는 편의점이 등장하자 큰 화제가 되었다. 덕분에 소비자는 언제나 필요한 물품을 구매할 수 있고 소매점은 중간에 쉬는 시간 없이 연속적으로 운영하여 매출 증대효과를 누릴 수 있게 되었다. 이처럼 중간 동작을 없애고 유익한 작용을 지속하면 개선될 수 있는 문제들을 우리 주변에서 찾아보자.

끊임없는 {초밥}, 회전 초밥

초밥은 숙련된 요리사가 직접 손으로 만들기에 한 명의 요리사가 서비스할 수 있는 고객의 수가 정해져 있다. 1950년대 오사카에서 작은 스시 집을 운영하던 시라이시 요시아키는 인건비를 절약하고자 직접 초밥을 만들어 여러 손님들을 대접했다. 혼자서 많은 양의 초밥을 만들었기 때문에 손님이 많을 경우에는 손님들이 대기하는 시간이 매우 길어졌다. 요시아키는 어떻게 하면 인건비를 아끼고 좀 더 저렴한 가격에 더 많은 초밥을 제공할 수 있을지를 고심했다. 그러던 차에 우연히 아사히 맥주공장을 방문하여 연속적으로 병에 맥주를 담아서 포장하는 컨베이어 벨트를 보게 되었다. 이에 착안하여 요리사가 초밥을 만들고 적절한 재질의 컨베이어 벨트를 장착한 회전 초밥 식당을 발명했다. 쉴 새 없이 만들어진 초밥들을 연속적으로 제공하여 바쁜 손님들도 오래 기다리지 않고 원하는 초밥을 직접 선택하여 먹을 수 있다. 인건비를 절약하고 소비자의 불편함도 해결한 창의적인 사례이다. <u>새로운 자원을 투입하는 대신에 유익한 기능을 지속되도록 하여 불편을 제거할 방법을 찾아보자.</u>

끊임없는 {충전}, 전기자동차 무선 충전

전기자동차는 배기가스나 소음이 거의 없어서 친환경적이다. 하지만 짧은 주행거리와 긴 충전 시간 그리고 충전 과정의 불편함이 존재한다. 이러한 불편함을 해결하기 위해서 충전소에 정차하지 않고도 충전이 가능한 무선 충전 기술이 개발되고 있다. 무선 충전 방식의 가장 큰 장점은 별도의 충전 대기 시간이 필요 없다는 점이다. 자동차가 주차하는 곳에 충전패드를 설치하여 주차된 시간 동안 충전하거나 도로에 충전 시설을 매립하여 특정 구간을 지나는 동안 주행하면서도 충전하도록 만든 방식이 있다. 우리나라의 KAIST에서도 주행 중에 무선 전력

62 무선 충전 도로   **63** 도요타의 무선 충전 시스템

공급이 가능한 기술을 개발 완료했다. 앞으로 전기자동차와 무선충전 기술이 본격적으로 상용화되면 주유소가 필요 없어질 것이라는 전망도 나오고 있다. 움직이면서도 계속 할 수 있는 것들을 찾아보자.

20

어떤 유익한 작용이
지속되도록 하겠습니까?

탐색노트 19. 유익한 작용 지속

{편의점}처럼
필요한 작용이 계속될 수 있게 만든 것에는 어떤 것들이 있나요?

< 생각나누기 >
QR코드를 스캔하여
다른 사람들과 소통해보세요.
etriz.com/note/20

끊임없는 { }
{ }의 작용이 계속되게 할 수 있을까요?

21.
엄청 빠른 { }

원하는 작용이 수행되는 속도를 높여보세요.

고속처리

스물한 번째 발명원리는 해로운 요소를 배제하기 위해 고속으로 처리하는 원리이다. 속이 비어있는 원형 관을 천천히 자르면 내부에서 받쳐주는 부분이 없기 때문에 관의 모양이 망가지게 된다. 이런 경우 아주 빠른 속도로 자르면 원형이 변형되지 않고 깨끗하게 자를 수 있다. 이처럼 제거하고 싶은 해로운 요소가 있다면 속도를 높여서 해결할 수 있는지 검토해보자.

엄청 빠른 {톨게이트}, 하이패스

고속도로의 요금소에 설치된 하이패스$^{hi\text{-}pass}$는 자동차가 멈추지 않

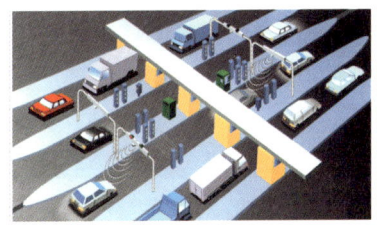 

64 하이패스   65 스마트톨링 시스템

고 지나가면서 통행료를 지불할 수 있는 편리한 시스템이다. 하이패스를 이용하지 않을 때에는 출발지 요금소에 멈추어 통행권을 뽑고 다시 도착지 요금소에 멈추어 통행료를 지불한다. 이 때문에 연료 효율이 떨어지고 정체도 심해질 수 있다. 이처럼 통행료 지불을 위해 정차해야 하는 불편함을 제거하고 고속으로 처리하기 위해서 고안된 것이 하이패스이다. 근거리 전용 통신기술을 활용하여 차량에 설치한 단말기와 요금소의 설비가 통신을 주고받아서 자동으로 통행료를 정산한다. 최근에는 천안 논산간 고속도로의 중간에 있는 요금소들이 모두 철거되고 스마트톨링 smart tolling 시스템이 설치되었다. 차량의 속도를 줄이지 않고 고속으로 지나가기만 해도 번호판이나 하이패스 기기를 자동으로 인식한다. 최종목적지 요금소에서 한 번만 결제하면 되므로 매우 편리하다. 앞으로 모든 고속도로에서 요금소가 사라질 날이 멀지 않았다. 멈추는 불편을 제거하기 위해 없앨 수 있는 것들을 찾아보자.

엄청 빠른 {카메라}, 폴라로이드 카메라

아날로그 카메라에서는 어떤 사진이 어떻게 찍혔는지를 바로 알 수 없었다. 필름을 인화하여 사진으로 뽑아야만 비로소 눈으로 확인할 수 있었기 때문이다. 이러한 불편함을 개선하고자 카메라 필터 제조 회사를 운영하던 에드윈 랜드Edwin Land는 사진을 찍은 뒤 즉석에서 사진이 인화되는 사진기를 발명하였다. 사진을 보려면 왜 이렇게 오래 기다려야 하는지 묻는 딸아이의 천진난만한 질문이 즉석카메라를 발명하게 된 계기가 되었다고 한다. 사진을 찍고 필름을 현상할 때까지 거쳐야 하는 중간 처리 과정을 없앤 획기적인 발명품이었다. 폴라로이드 카메라는 1948년 11월에 '모델 95'라는 이름으로 세상에 출시되었는데 판매를 시작하자마자 순식간에 매진될 정도로 인기가 높았다. 찍는 즉시 볼 수 있는 혁신적인 사진기에 많은 사람들이 열광한 것이다. 현재는 디지털카메라의 발명으로 그 인기가 주춤하고 있지만 여전히 많은 사람들의 사랑을 받고 있다. 중간 과정 없이 결과를 바로 볼 수 있으면 좋은 것들을 찾아보자.

엄청 빠른 {계산}, 스마트 마트 '아마존 고'

주말이면 마트 계산대에는 어김없이 긴 줄이 늘어서 있고 오랜 시간 기다려야 한다. 이러한 불편함을 해소하기 위해서 전자상거래를 기반으로 한 미국의 IT 기업인 아마존에서는 계산대를 아예 없애버린 아마존 고Amazon Go라는 콘셉트 스토어를 발표하였다. 별도의 계산대 대신 아마존 고 매장 입구에는 지하철 개찰구와 같은 시스템이 설치되어 있다. 전용 앱을 다운로드해서 매장 입구에 있는 개찰구에 QR 코드를 인식시킨 뒤 입장하면 된다. QR 코드가 인식된 고객은 카트에 넣은 물건들이 모두 자동으로 감지되어 매장을 걸어 나오는 순간 자동으로 계산이 완료된다. 계산대에 줄을 서서 기다리고 일일이 물건의 바코드를 찍어서 계산하는 과정이 모두 생략되어 고속으로 처리가 가능해졌다. 고객들은 보다 편리하게 쇼핑할 수 있고 마트는 공간을 보다 효율적으로 활용할 수 있다는 이점이 있다. 시애틀 본사에 직원들만 사용하는 시범 매장에 이어 영국 런던에 1호 매장을 오픈할 계획이라고 한다. 반면 마트의 점원들은 일자리를 잃게 되리라는 우려도 함께 나오고 있다. 앞으로 아마존 고가 어떤 형태로 발전해 나갈지 귀추가 주목된다.

66 아마존 고

21

무엇을
고속으로 처리하겠습니까?

21. 고속처리

{하이패스}처럼
원하는 작용이 수행되는 속도를 높인 것에는 어떤 것들이 있나요?

< 생각나누기 >
QR코드를 스캔하여
다른 사람들과 소통해보세요.
etriz.com/note/21

21.고속처리 상상노트

엄청 빠른 { }

{ }의 처리 속도를 높여 볼까요?

_____

_____

_____

_____

22.
개과천선 { }

해로운 것을 이롭게 이용할 방법을 찾아보세요

해를 이롭게

스물두 번째 발명원리는 해로움을 이롭게 활용하는 원리이다. 누구나 해로움은 피하려 하기 마련이다. 하지만 과거의 천재들은 해로운 것을 버리려 하지 않고 이롭게 활용하는 방법을 찾았다.

개과천선 {파손된 문}, 지단의 기념품

2006년 독일월드컵 조별 예선에서 한국 팀과 프랑스 팀이 맞붙었는데 당시 경기 결과는 1:1이었다. 이 경기에서 프랑스 팀의 주장은 그 유명한 지네딘 지단$^{Zinedine\ Zidane}$이었다. 그는 경기를 마친 후 라이프찌히 경기장의 라커 문을 발로 세게 걷어차 버렸다. 경기에 비기고 경고까지 받은 터라 화가 머리끝까지 났기 때문이다. 이 상황에서 해로운 것은 무엇인가? 바로 지단이 걷어차 버린 문이다. '해를 이롭게' 발명원리를 적용하여 어떻게 하면 이 해로운 자원을 이롭게 활용할 수 있을지 한번 생각해보자. 문을 경매에 내놓아 판매할 수도 있고 지단이 걷어차도 부서지지 않은 튼튼한 문이라고 광고를 할 수도 있을 것이다. 실제로 경기장 측은 지단에게 변상을 요구하는 대신 지단의 발길질 자국이 선명한 문을 그대로 보존하여 관광 상품으로 활용하였다. 발길질 자국 주위에 금테를 둘러놓고 'ein Andenken von Z'라고도 적었는데 이는 독일어로 '지단의 기념품'이라는 의미이다. 움푹 팬 부분을 수리하였으면 아무 것도 아니었을 해로운 자원이 경기장 투어 코스를 위한 이로운 관광 자원으로 변신한 것이다. 우리 주변에도 분명히 이롭게 이용할 수 있는 해로운 것들이 많을 것이다. '어떻게 이롭게 이용할 수 있을까?'라고 질문을 던져보라. 분명 멋진 생각이 떠오를 것이다.

개과천선 {계단}, 피아노 계단

보통 계단에는 사람이 별로 없고 에스컬레이터에만 긴 줄이 늘어서 있다. 이는 지하철역에서 흔히 찾아볼 수 있는 풍경이다. 에스컬레이터를 이용하면 가만히 서있기만 해도 편하게 오르내릴 수 있기 때문이다. 어떻게 하면 사람들이 에스컬레이터 대신 계단을 이용하도록 할 수 있을까? 오르내리기 힘든 요소인 계단을 이롭게 이용하여 변화를 만든 사례가 있다. 스웨덴의 한 지하철역의 계단에는 발로 디딜 때마다 소리가 나는 피아노 건반이 설치되었다. 사람들이 계단에 올라 압력이 가해지면 그 위치의 건반에 해당하는 소리가 나도록 한 것이다. 그러자 에스컬레이터로만 다니던 사람들이 너도 나도 소리 나는 계단으로 오르내리게 되어 계단을 이용한 사람들이 평소보다 66%나 늘었다고 한다. 귀찮게만 여기던 계단 오르내리기가 건강과 재미를 신사하는 멋진 경험으로 바뀐 것이다. 이를 폭스바겐은 재미이론Fun theory 이라 부르며 비슷한 원리의 다양한 캠페인을 진행하였다. 아케이드 게임하듯 빈병을 버리는 장치를 만들고, 쓰레기를 버릴 때마다 깊은 곳으로 떨어지는 듯한 소리가 나는 '세상에서 가장 깊은 쓰레기통'도 만들었다. 쓰레기를 버리는 귀찮은 경험을 즐거운 게임을 하는 듯한 경험으로 바꾼 것이다. 사실 이 모든 활동은 자사에서 개발한 친환경 엔진 기술에 대한 관심을 높이기 위한 광고의 일환이었다고 한다. 우리 주변에도 재미를 더해 해로운 것을 이롭게 만들 수 있는 사례를 찾아보자.

67 지단의 발길질

68 피아노 계단

개과천선 {독}, 보톡스

보툴리눔^{botulinum} 독은 박테리아가 분비하는 신경독이다. 체내에 들어가면 신경 전달 물질의 분비를 억제하여 호흡과 관련된 근육이 마비되고 심각한 경우 호흡곤란으로 사망에까지 이를 수 있다. 이처럼 치명적인 독이지만 소량의 보툴리눔은 눈꺼풀 경련을 치료하는 약으로 1989년부터 미국 식품의약청의 허가를 받아 사용되어 왔다. 캐나다의 한 의사는 눈꺼풀 경련 환자에게 보툴리눔을 주사하였는데 눈 주위의 주름살이 없어지는 현상을 우연히 발견했다. 이를 계기로 미국 알러건사^{Allergan}는 보툴리눔을 주름살 제거를 위한 용도로 활용한 보톡스^{Botox}라는 상품을 개발했다. 독은 분명 해로운 것이지만 주름살을 제거하는 용도로 이롭게 활용한 것이다.

22

**해로운 것을
어떻게 이롭게 이용하겠습니까?**

탐색노트 22.해를 이롭게

{보톡스}처럼
해로운 것을 이롭게 이용하는 것에는 어떤 것들이 있나요?

< 생각나누기 >
QR코드를 스캔하여
다른 사람들과 소통해보세요.
etriz.com/note/22

개과천선 { }

{ }의 어떤 해로운 점을 이롭게 이용할 수 있을까요?

23.
응답하는 { }

상황변화에 알아서 반응하도록 응답을 활용해보세요

피드백

스물세 번째 발명원리는 응답을 활용하여 더 나은 결과를 만드는 피드백 원리이다. 응답을 통해서 현재 상황이나 상태를 점검하고 이를 통해서 환경을 바꿀 수 있다. 설문조사를 통해 고객의 반응을 확인하여 마케팅 전략을 세우거나 시연회를 통해 홍보효과를 극대화하는 것도 같은 이치이다. 일방적으로 정보를 전달하기보다는 피드백을 이용하여 반응을 점검하고 상태를 바꾸어보자.

응답하는 {주차장}, Here Balloon 캠페인
주차장에 가면 빈자리를 찾느라 빙글빙글 도는 경우가 많다. 이 때문에 시간은 물론이고 기름을 낭비하게 된다. 어떻게 하면 빈자리를 쉽게 찾을 수 있을까? S-OIL에서는 이러한 문제를 해결하기 위해 'Here Balloon'이라는 캠페인을 진행하였다. 주차장의 자리마다 헬륨 풍선을 매달아 두었는데 자동차가 주차를 하면 높이 떠있던 풍선이 밑으로 내려가 시야에서 사라지도록 했다. 덕분에 멀리에서도 풍선이 높이 떠 있는 자리가 표시되어서 빈 공간을 쉽게 찾을 수 있다. 자동차의 움직임을 활용하여 풍선이 응답하여 움직이도록 한 것이다. 최근에는 주차장 바닥에 위치인식 센서나 동작인식 센서를 달아서 주차 가능 여부를 알려주는 시스템이 널리 활용되고 있다. 풍선의 움직임을 활용하여 주차공간을 알려준 것처럼 필요한 정보를 알려줄 수 있는 값싼 피드백 방법을 찾아보자.

응답하는 {SNS}, 페이스북

전 세계적으로 큰 인기를 얻고 있는 페이스북은 2016년 기준 약 15억여 명이 가입되어 있다고 한다. 그 성공 비결 중 하나로 페이스북의

69 페이스북의 다양한 감정표현

70 페이스북 개인페이지

효과적인 피드백 시스템을 들 수 있다. 사람들은 각종 관심사와 정보를 페이스북을 통해서 교환하고 '좋아요'를 누르거나 댓글을 입력하여 자신의 생각과 감정을 쉽게 전할 수 있다. 최근 페이스북은 '좋아요' 외에 다양한 감정표현을 위한 버튼을 추가하였다. 이러한 고객의 피드백은 페이스북의 맞춤형 광고 서비스에도 적극 활용되고 있다. 여러 피드백 정보를 토대로 해당 정보를 필요로 하는 고객을 선별하여 광고를 노출시킬 수 있기 때문이다. 이에 많은 기업들은 자사의 제품과 서비스를 홍보하기 위해 페이스북 광고를 적극 활용하고 있다.

응답하는 {화장실}, 화장실 빈 곳 알림

강원도 횡성휴게소에 가면 아주 특별한 화장실이 있다. 바로 『흰소』 등의 작품으로 널리 알려진 이중섭을 기념하여 만들어진 화장실이다. 이 화장실에는 다른 곳에서 보기 힘든 장치가 있다. 화장실에 들어서자마자 보이는 큰 모니터에서 어느 칸이 비어 있는지를 알려준다. 화장실 칸의 입구에도 표시등이 있어서 사용중임을 색으로 구분하여 알려준

71 이중섭 화가 기념화장실 (횡성휴게소)

다. 화장실 칸마다 일일이 확인하지 않아도 바로 빈자리를 찾아서 보다 편안하게 화장실을 이용할 수 있다. 주차장 빈 곳을 알려주는 시스템과 같은 이치이다. 현재의 상태를 피드백으로 알려주어 더 편리한 서비스를 제공할 수 있는 것들을 찾아보자.

응답하는 {와이퍼}, 자동 속도 조절 와이퍼

20세기 초반만 해도 자동차에 와이퍼가 없어서 눈이나 비가 오면 자동차 앞 유리가 뿌옇게 변하여 운전 중에 앞을 잘 볼 수가 없었다. 비나 눈 때문에 앞이 안 보이면 차를 세우고 내려서 눈을 직접 제거하거나 비가 그치기를 기다려야 했다. 이러한 불편을 해결하고자 1969년 비와 눈의 양에 따라 와이퍼의 시간 간격을 조정할 수 있는 간헐식 와이퍼가 개발되었다. 최근 출시되는 자동차에는 자동으로 눈과 비의 양을 감지하고 그에 따라서 속도를 조절하는 자동 속도 조절 와이퍼가 적용되고 있다. 앞 유리 창의 상단 중앙에 달린 레인센서$^{rain\ sensor}$가 비나 눈의 양을 감지하고 이 정보를 와이퍼의 속도를 조절하는 데에 활용하는 것이다.

23

어떤 피드백을
활용하겠습니까?

탐색노트 23.피드백

{자동차 와이퍼}처럼
상황 변화에 알아서 반응하도록 응답을 활용한 것에는 어떤 것들이 있나요?

< 생각나누기 >
QR코드를 스캔하여
다른 사람들과 소통해보세요.
etriz.com/note/23

23.피드백

응답하는 { }

어떻게 하면 { }이 상황변화에 알아서 반응하도록 할 수 있을까요?

피드백

24.
{ }을
대신해줘

필요한 작용을 대신해 줄 수 있는 것을 찾아보세요

매개체

스물네 번째 발명원리는 필요한 기능을 임시로 수행하도록 매개체를 활용하는 원리이다. 사랑의 신으로 알려진 큐피드의 황금 화살을 맞으면 사랑을 느끼게 된다고 한다. 사랑을 전하는 큐피드의 화살처럼 필요한 작용을 대신 전달할 수 있는 방법을 찾아보자.

{집 계약}을 대신 해줘, 부동산 중개인

부동산 중개인은 집을 사고팔거나 임대를 할 때 대신 계약서를 작성하고 거래를 성사시켜 주는 매개체 역할을 한다. 만약 부동산 중개인이 없다면 고객이 직접 가격을 협상하고 계약서를 작성해야 한다. 뿐만 아니라 계약이 잘못되었을 때의 위험 부담도 모두 져야만 한다. 하지만 부동산 중개인에게 의뢰하면 필요한 역할을 대신 해주기 때문에 안전하고 편리하게 거래할 수 있다. 법적인 분쟁에 휘말리면 능력 있는 변호사를 고용하여 내 입장을 변호하도록 하거나 술을 마신 후에는 대신 운전하도록 맡기는 대리운전도 비슷한 이치이다. 이처럼 필요한 기능을 직접 수행하는 대신에 해당 기능을 임시로 수행할 매개체를 적극적으로 찾아보자. 누가 대신 해주면 좋을까?

{택시 호출}을 대신 해줘, 카카오택시

급하게 이동을 해야 할 때는 막상 빈 택시를 찾기 어려운 경우가 많다. 카카오 택시는 전용 앱을 통해 이용자의 현 위치와 목적지 정보를 파악하고 이를 토대로 가장 가까이 있는 등록된 택시를 호출해 준다. 빈 택시를 찾는 승객과 손님을 찾는 택시를 서로 효율적으로 연결시켜

72 카카오택시

73 에어비앤비

주는 매개체 역할을 하는 것이다. 이 외에도 메신저 서비스와 연계하여 이용자의 가족이나 지인에게 현재 타고 있는 택시 정보와 도착 예정 시간 및 운전기사의 정보를 알려주어 더욱 안전하게 이용할 수 있다. 2008년 8월 시작되어 세계 최대의 숙박공유 서비스로 인기를 얻고 있는 에어비앤비Airbnb도 비슷한 원리이다. 에어비앤비는 등록된 전 세계의 숙소 정보를 파악하여 머물 집을 찾는 사람과 머물 곳을 빌려줄 사람을 연결해주는 매개체 역할을 한다. 이처럼 필요한 기능을 반드시 내가 가지고 있는 것으로만 수행할 필요는 없다. 임시로 빌리거나 활용할 수 있는 매개체를 찾아 새로운 서비스를 설계해보자.

{약 전달}을 대신 해줘, 캡슐

병원이나 약국에 가면 알약, 캡슐, 분말, 용액와 같은 다양한 형태의 약이 있다. 이렇게 다양한 형태로 만든 데는 약의 섭취를 쉽게 하고 효능을 높이기 위함이다. 특히 널리 활용되는 캡슐은 가루약을 쉽게 먹을 수 있도록 하고 약이 위에서 서서히 흡수되게 하는 훌륭한 매개체이다. 만약 캡슐이 없다면 강한 약물이 위를 자극하고 의도한 바보다 빠르게 흡수되어 예상하지 못한 부작용이 발생할 수도 있다. 캡슐에 약을 담으면 불쾌한 맛이나 냄새를 숨길 수 있을 뿐만 아니라 캡슐의 색깔로 약을 구분할 수 있다. 캡슐은 단단한 경질 캡슐과 말랑말랑한 연질 캡슐로 구분되는데 주원료는 젤라틴이다. 젤라틴은 천연 단백질인 콜라겐을 뜨거운 물로 처리하여 만든 유도 단백질의 일종으로 사람이 복용해도 아무런 문제가 없다. 일반적으로 위에서 음식물과 같이 흡수되어서 약물로 작용하고 필요한 경우에는 장까지 내려가서 흡수되기도 한다. 캡슐처럼 임시로 활용할 수 있는 매개체가 중요한 역할을 대신 하도록 만들어보자.

24

어떤 매개체가 임시로
기능을 수행하도록 하겠습니까?

{웨딩플래너}처럼
필요한 작용을 임시로 대신하는 것에는 어떤 것들이 있나요?

< 생각나누기 >
QR코드를 스캔하여
다른 사람들과 소통해보세요.
etriz.com/note/24

24.매개체 상상노트

{ }을 대신 해줘

{ }을 대신해줄 수 있는 것은 무엇인가요?

25.
스스로 { }

원하는 작용이 스스로 이루어지게 해보세요

셀프서비스

스물다섯 번째 발명원리는 원하는 기능을 스스로 수행할 수 있도록 만드는 셀프서비스 원리이다. 시스템이 없더라도 원하는 기능이 알아서 수행되는 것이야말로 가장 이상적인 시스템이라고 할 수 있다.

스스로 {잼}, 디스펜팩

병에 담긴 잼을 빵에 바르려면 스푼이 필요하다. 이런 경우 스푼을 따로 준비해야 하고 잼이 손에 묻을 수도 있다. 이러한 불편을 해결한 기발한 발명품이 바로 디스펜팩$^{Dispen\ Pak}$이다. 흔히 뷔페식당에 가면 빵과 함께 준비되어 있는 딸기잼 용기의 이름이다. 디스펜팩은 가

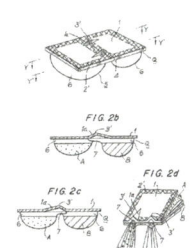

74 디스펜팩 활용 사례　　　　　　75 디스펜팩 특허 (1988년)

운데를 꺾어서 두 손가락으로 눌러주는 것만으로 원하는 곳에 잼을 뿌릴 수 있다. 별도의 스푼이 필요 없이 패키지 스스로 잼을 뿌리는 기능을 수행하도록 한 셀프서비스의 사례이다. 한 손으로 꺾는 동작만으로 작동하므로 위생적이면서도 편리하게 잼을 바를 수 있다. 디스펜팩은 1988년 특허(US 4,790,429)로 등록되었으며 딸기잼뿐만 아니라 다양한 시럽 형태의 액체를 담는데 널리 활용되고 있다. 이처럼 새로운 요소를 추가하는 대신에 이미 가지고 있는 요소들이 필요한 기능을 스스로 수행할 수 있도록 만들어보자. 제일 좋은 것은 스스로 되는 것이다.

스스로 {촬영}, 셀카봉

여행지에 가면 멋진 풍경을 배경으로 사진을 찍는다. 사진을 찍어줄 사람이 옆에 있다면 다행이지만 매번 모르는 사람에게 사진을 찍어달라고 요청하는 것은 상당히 불편한 일이다. 이러한 불편을 해소한 발명품이 바로 셀카봉이다. 긴 막대기 끝에 카메라를 매달아 자신의 사진을 스스로 찍을 수 있게 만들었다. 셀카봉의 최초 발명자가 누구인

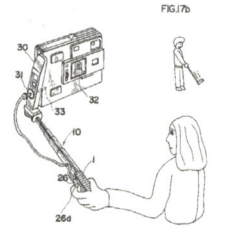

76 1926년 찍힌 셀카 사진   **77** 셀카봉 특허 (1985년)

지는 명확히 밝혀져 있지 않다. 최근 셀카봉이 유행하면서 많은 사람들이 자신을 셀카봉의 발명가라고 주장하고 있다. 심지어 1926년대에 긴 막대를 들고 찍은 사진에 'Self Taken'이라고 제목이 적혀 있어 화제를 불러일으키기도 했다. 셀카봉에 대한 특허는 1985년 미국 특허 (US4530580)에서 확인할 수 있다. 혼자서도 쉽게 사진을 찍을 수 있도록 만든 셀카봉은 널리 인기를 얻어 2014년 타임지가 선정한 최고의 발명품이 되었다.

스스로 {옷 정리}, 옷 정리 로봇

세탁기를 돌린 뒤에는 빨래를 일일이 널어서 말리고 이를 다시 개켜서 정리해야 한다. 시간도 많이 걸리고 힘든 가사 노동을 기계 시스템이 대신 알아서 수행해 준다면 얼마나 좋을까? 최근에는 마른 빨래를 알아서 대신 개켜서 정리해주는 시스템인 폴디메이트 Foldimate 가 개발되었다. 클립에 옷을 끼워 넣으면 옷의 길이나 두께, 재질을 감지하여 다림질을 하고 적절한 크기로 개켜준다. 앞으로는 각 가정마다 이러한 옷

78 옷 정리 로봇

정리 로봇을 한 대씩 두고 쓸지도 모르겠다. 자동화가 가능한 일은 로봇에게 맡기고 사람만이 할 수 있는 일들을 찾는 지혜가 필요한 때이다.

25
어떻게 하면
원하는 기능이 스스로 수행됩니까?

탐색노트 25.셀프서비스

{로봇청소기}처럼
원하는 작용이 스스로 이루어지게 한 것은 어떤 것들이 있나요?

< 생각나누기 >
QR코드를 스캔하여
다른 사람들과 소통해보세요.
etriz.com/note/25

스스로 { }

{　}을 이떻게 스스로 작동하게 할 수 있을까요?

_____

_____

_____

26.
복제된 { }

원래의 것 대신에 복제품을 활용해 보세요

복제

스물여섯 번째 발명원리는 원래 사물을 대신할 이미지나 복제품으로 대체하는 복제 원리이다. 휴대폰 매장에서는 고가의 휴대폰 대신 모양만 똑같은 목업$^{mock-up}$을 활용하여 제품을 전시하기 때문에 분실이나 파손의 염려가 없다. 이처럼 깨지기 쉽고 다루기 불편한 원래의 사물 대신에 복제품이 내가 원하는 기능을 수행하도록 만들어보자.

복제된 {사람}, 마네킹
백화점이나 옷가게의 쇼윈도에는 마네킹이 멋진 옷을 입고 자태를 뽐내고 있다. 옷을 전시하기 위해 모델을 고용한다면 하루 종일 같은

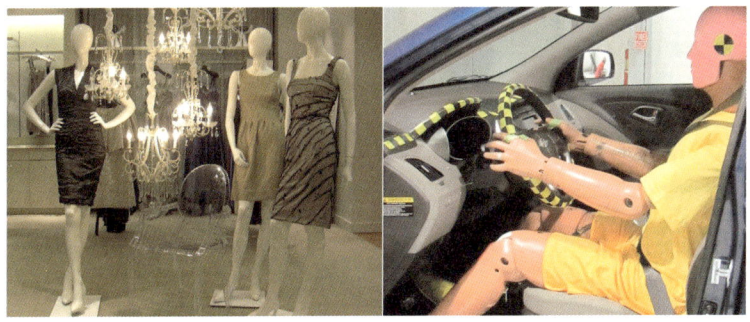

79 마네킹　　　　　　　　80 자동차 테스트용 더미

자세로 서있어야 하는데 이는 불가능한 일이다. 때문에 사람 모양의 복제품인 마네킹을 활용해서 사람을 대신하여 필요한 기능을 수행하도록 했다. 자동차 충돌 시험에는 사람 대신 더미^{dummy} 라고 불리는 특수한 인형이 사용된다. 사람을 대신해서 여러 번 충돌을 겪고 다양한 실험결과를 제공하여 안전한 자동차를 만드는데 큰 기여를 하고 있다. 더미는 다양한 항공우주 분야의 시험에도 활용되고 있는데 성인 더미 하나에 7~8천만 원 가까이 한다고 하니 세상에서 가장 비싼 인형임에 틀림없다. 날아오는 새들을 쫓기 위해 들판에 세워 둔 허수아비도 같은 이치로 이해할 수 있다. 쇼윈도에 서 있는 마네킹이나 자동차 충돌 테스트에 쓰이는 더미처럼 반드시 원래의 것을 사용할 필요는 없다. 홍길동의 분신술처럼 필요한 기능을 대신 수행할 복제품을 만들어보자.

복제된 {꽃}, 조화

꽃은 다양한 모양과 향기로 많은 사람들에게 사랑받고 있다. 하지만 쉽게 시들기 때문에 자주 교체해야 한다. 이러한 문제를 해결하기 위해 꽃의 형태와 색상을 그대로 복제한 조화가 오래 전부터 널리 사용되어 왔다. 주로 실내 장식이나 의례용으로 사용되어 왔으며, 고대 이집트에서는 조화를 장신구로 사용했다고 한다. 다루기 어렵고 쉽게 시드는 생화에 비해서 오랫동안 아름다운 모습을 경제적으로 즐길 수 있다. 현실에 없는 아름다운 색채와 모양의 꽃을 구현할 수도 있다. 최근에는 표면에 특수한 코팅을 하여 공기청정과 탈취 효과가 있는 조화가 인기를 얻고 있다. 수명이 짧은 것을 대신하여 필요한 기능을 오랫동안 수행할 수 있는 복제품을 생각해보자.

복제된 {현실}, 가상현실

하늘을 날고 바다 깊은 속을 헤매거나 우주여행을 떠나는 신나는 체험을 실제로 하려면 많은 비용이 소요되고 위험 부담도 상당하다. 가상현실 시스템 속에서는 그럴 염려가 전혀 없다. 가상현실 virtual reality 시스템은 센서를 활용하여 사용자의 동작을 감지하고 이에 적절하게 반응하므로 사용자와 상호작용이 가능하다. 다양한 하드웨어를 통해서 가상현실에 연결되면 시각이나 청각, 촉각으로 마치 현실처럼 생생하게 체험할 수 있다. 다루기 어려운 원래의 현실 대신에 가상현실 시스템을 활용하여 현실에서는 불가능한 극한의 체험도 할 수 있고 항공기의 조종법을 익히거나 모의 군사 훈련을 하는 경우도 있다. 최근에는 병원에서 가상현실을 활용하여 수술과 같은 중요한 기술을 미리 연습하기도 한다.

81 가상현실   82 조화

26

무엇을 복제하여
대신 사용하겠습니까?

탐색노트 26.복제

{마네킹}처럼
원래의 것 대신에 복제품을 활용하는 것은 어떤 것들이 있나요?

< 생각나누기 >
QR코드를 스캔하여
다른 사람들과 소통해보세요.
etriz.com/note/26

26.복제 　상상노트

복제된 { }

{ }의 역할을 대신할 수 있는 복제품은 무엇인가요?

_____

_____

_____

27.
일회용 { }

한 번만 사용하고 버릴 수 있게 바꾸어 보세요

일회용품

스물일곱 번째 발명원리는 여러 번 반복해서 사용할 수 있는 것 대신에 한번 쓰고 버려도 되는 일회용품으로 바꾸는 원리이다. 일회용 젓가락이나 용기, 휴지와 같은 일회용 제품들은 바쁜 현대 사회에서 삶을 편리하게 만들어주는 역할을 한다. 반복해서 사용 수 있는 기존 제품 대신에 한번 쓰고 버려도 되는 값싼 제품으로 바꾸어보자.

일회용 {컵}, 종이컵

가장 널리 쓰이는 일회용품으로는 종이컵이 있다. 종이컵이 발명되기 전에는 자동판매기에서 유리컵이 주로 사용되었다고 한다. 유리컵은 깨지기 쉽고 깨끗이 세척되지 않은 상태로 재사용되어 비위생적인 문제가 있었다. 이를 해결하기 위해서 미국 보스톤 지역의 변호사인 로렌스 루엘랜Lawrence Luellen은 종이컵을 활용한 얼음 생수 자동판매기를 개발하였다. 이후 같은 지역의 사업가인 휴 무어Hugh Moore 와 함께 철도회사에 종이컵 자판기를 판매하는 사업을 진행하였다. 종이컵은 재사용하거나 매번 씻을 필요가 없어서 편리하고 위생적인 제품으로 큰 인기를 얻었다. 실제로 당시 유행했던 전염병을 예방하는 데에 종이컵이 큰 기여를 했다고 한다. 처음 상용화된 종이컵은 '딕시컵Dixie Cup'이라는 브랜드로 판매되었는데 물과 접촉해도 젖지 않는 코팅된 종이로 만들어졌다. 딕시컵에 대한 자세한 내용은 1912년에 등록된 로렌스 루엘랜의 특허(US 1,032,557)에서 살펴볼 수 있다.

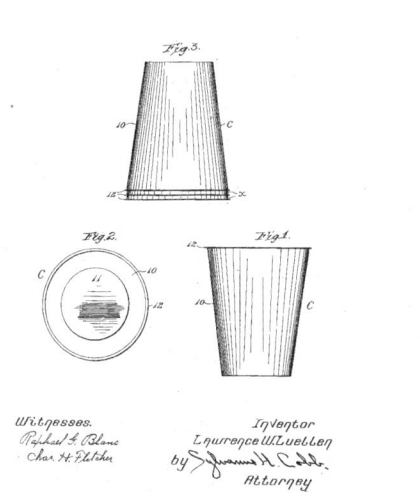

83 종이컵 특허 (1912년)

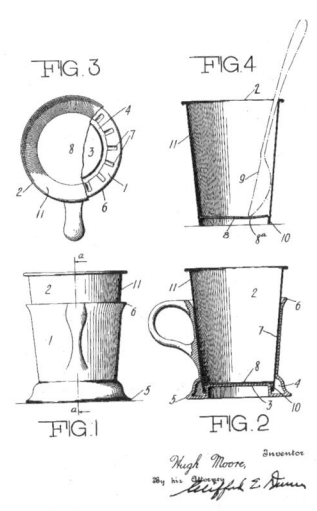

84 종이컵 홀더 특허 (1921년)

오늘날에도 종이컵은 전 세계적으로 널리 사용되고 있으며 뜨거운 커피나 차를 담아서 마시는 경우도 많다. 종이컵은 얇은 종이로 만들어져서 뜨거운 음료를 담으면 맨손으로 잡기가 어려울 수 있다. 이러한 문제를 해결하고자 1921년에 휴 무어는 뜨거운 음료를 담은 종이컵에 끼워서 사용할 수 있는 종이컵 홀더를 발명하여 특허(US 1,389,594)를 등록하였다. 일상생활 속에서 흔하게 사용하던 종이컵이나 종이컵 홀더가 남들이 대수롭지 않게 여기던 불편을 고민하여 해결한 창의적인 결과물들이라니 놀라울 따름이다. 생활 속에서 겪는 불편이 있다면 한번 쓰고 버려도 되는 일회용품으로 변신시켜보자.

일회용 {렌즈}, 프리미어

시력을 교정하기 위해서 안경 대신 콘택트렌즈를 착용하는 경우가 있다. 다양한 재질과 색상의 미용용품으로 발전하고 있는 콘택트렌즈는 세균에 오염되지 않도록 매일 세척하고 세심하게 관리해야 한다. 이러한 수고를 덜기 위해 영국의 발명가인 론 해밀턴[Ron Hamilton]이 일회

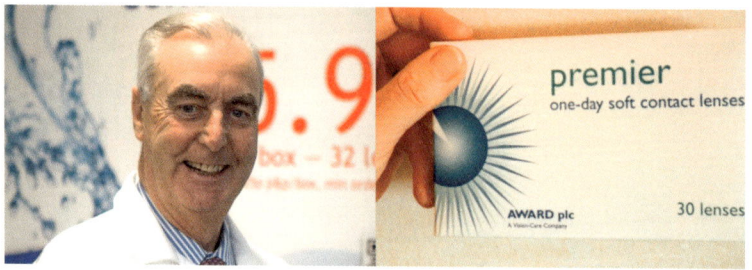

85 일회용 콘택트렌즈 발명자, 론 해밀턴   86 세계 최초의 일회용 콘택트렌즈 (1993년)

용 콘택트렌즈를 발명하였다. 당시에 비쌌던 소프트 콘택트렌즈를 대체하여 저렴하면서도 세척할 필요가 없는 일회용 콘택트렌즈를 개발한 것이다. 1993년 AWARD라는 회사를 통해 '프리미어Premier'란 이름의 일회용 콘택트렌즈를 세계 최초로 출시하였다. 세척할 필요가 없는 일회용 콘택트렌즈처럼 일회용으로 바꾸어 일상생활 속의 불편을 해결해보자.

일회용 {매장}, 팝업 스토어

새로운 매장을 열기 위해서는 오랜 시간 준비가 필요하다. 고객이 원하는 제품의 특성을 고려하여 가게의 위치를 신중하게 선정해야 한다. 오랜 기간 준비했더라도 고객들의 요구 사항이나 유행이 변하면 그동안의 노력과 투자가 물거품이 되어 버리는 경우도 있다. 최근에는 정식 매장을 대신하여 짧게는 하루에서 길게는 몇 달 정도로 정해진 기간만 운영하는 팝업 스토어pop-up store가 인기를 얻고 있다. 팝업 스토어는 특정 장소에서 일시적으로 운영되고 사라지기 때문에 소비자의 취향이나 욕구를 빠르게 파악하는 데에 효과적이다. 이처럼 기존의 값비싼 방법 대신에 일회용 혹은 짧은 기간에만 지속되는 방법을 찾아보자.

27

- 일회용으로 대체해도 되는 것은 무엇입니까?

탐색노트 27.일회용품

{종이컵}처럼
한번만 쓰고 버릴 수 있게 한 것은 어떤 것들이 있나요?

< 생각나누기 >
QR코드를 스캔하여
다른 사람들과 소통해보세요.
etriz.com/note/27

일회용 { }

{ }을 일회용으로 바꾸어볼까요?

일회용품

28.
오감활용 { }

다른 감각을 활용해 보세요

기계시스템 대체

스물여덟 번째 발명원리는 기계 시스템을 사람들이 쉽게 감지할 수 있는 빛, 소리, 열, 냄새로 바꾸는 원리이다. 다른 감각을 활용하면 직접적인 접촉을 활용하지 않고도 필요한 정보를 효과적으로 전달할 수 있다.

오감활용 {주전자}, 휘슬 주전자

주전자에 많은 양의 물을 끓일 때는 물이 끓어서 넘치지 않도록 주기적으로 체크해야만 한다. 물이 끓는지도 모르고 있다가 주전자를 태워버리거나 화재가 발생하는 경우도 있다. 이러한 불편을 해결하기 위해서 건축가인 마이클 그레이브스^{Michael Graves}는 물이 끓고 있음을 소리로 알려주는 휘슬 주전자를 개발했다. 1985년 이태리의 주방용품 업체인 알레시Allessi라는 회사를 통해 출시하였으며 물이 끓으면 새가 노래하는 소리가 나도록 만들어졌다. 주전자의 물이 끓으면서 일정량 이상의 수증기가 발생하는데 주전자 끝에 달린 새 모양의 좁은 장치를 통해서 다량의 수증기가 한꺼번에 빠져나가면서 소리가 나도록 설계한 것이다. 덕분에 물이 끓고 있는지를 자주 체크하지 않아도 멀리서도 소리로 쉽게 알 수 있게 되었다. 배터리가 없어도 작동하며 잘 고장 나지도 않아 오늘 날에도 널리 사용되고 있다.

오감활용 {버튼}, 아이폰7 탭틱 버튼

2016년 출시된 아이폰7에서는 물리적인 홈 버튼이 사라졌다. 버튼을 눌렀을 때 안으로 들어가는 것이 아니라 손가락의 접촉과 압력을 감지하여 미세한 진동으로 눌린 느낌을 주는 탭틱 버튼으로 대체되었다. 일반적인 스마트폰의 물리적 버튼은 장시간 사용하거나 버튼 사이에 습기가 들어가면 쉽게 고장이 날 수 있다. 탭틱 버튼은 이러한 문제를

87 아이폰7 홈 버튼   88 아이폰7 탭틱 엔진

기계시스템 대체 | **185**

해결하는 훌륭한 대안이 된다. 물리적인 버튼의 기계적인 작용을 진동을 통해 전하는 촉각으로 대체한 사례이다. 다른 감각으로 필요한 기능을 대체할 수 있는 것들을 찾아보자.

오감활용 {줄넘기}, 줄 없는 줄넘기

19세기부터 시작된 줄넘기는 비교적 좁은 공간에서도 누구나 쉽게 할 수 있는 간단한 운동법으로 널리 인기를 얻어왔다. 하지만 줄넘기를 처음 배우는 경우에는 자꾸만 줄에 걸려서 넘어지거나 중단되는 탓에 쉽게 포기하기도 한다. 너무 좁은 공간이나 천장이 낮은 곳에서는 줄이 부딪혀서 줄넘기를 할 수 없다. 이러한 문제를 해결하고자 미국의 레스터 클랜시Lester Clancy는 2006년 '줄 없는 줄넘기'에 대한 특허를 취득하였다. 좁은 공간에서도 줄에 걸릴 걱정 없이 줄넘기를 할 수 있는 것이 장점이다. 특허명은 'Cordless jump rope'로 자세한 내용은 특허(US 7,037,243)에서 확인할 수 있다. 줄넘기에는 반드시 긴 줄이 있어야 한다는 고정관념을 버리고 긴 줄 대신에 손잡이에 작은 추를 넣어서 만들

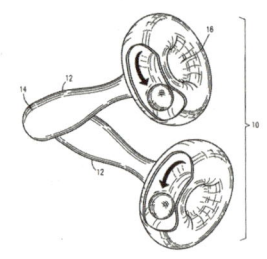

89 줄 없는 줄넘기 특허 (2006년)   90 줄 없는 줄넘기

었다. 줄넘기를 돌리면 도넛 모양의 공간 안에 들어있는 추가 회전하면서 실제 줄넘기를 하는 느낌을 주는 원리이다. 긴 줄의 기능을 추가 회전하면서 만드는 촉감과 소리로 대체한 창의적인 발명이다.

오감활용 {광고}, 향기 마케팅

향기를 활용하여 매출을 신장시키는 마케팅 기법이다. 1949년에 일본의 비누회사인 미쯔와^{Mitsuwa}에서 향료를 섞은 잉크로 아사히신문에 광고를 한 것이 최초의 사례로 알려져 있다. 새로운 형식의 광고는 큰 반향을 이끌어내지는 못했으나 향기 마케팅이라는 기법을 널리 알리는 계기가 되었다. 최근에는 향기를 이용하여 고객에게 만족감을 주고 매출 증대를 꾀하는 사례가 늘어나고 있다. 고소한 빵 굽는 냄새가 코를 자극하도록 환기구를 빵가게 입구에 배치하는 것도 향기 마케팅의 일종이다. 직접적인 작용 대신에 냄새로 필요한 기능을 대신할 방법을 찾아보자.

28

**어떤 다른 감각을
활용해 보겠습니까?**

탐색노트 28.기계시스템 대체

{오디오북}처럼
다른 감각을 활용한 것은 어떤 것들이 있나요?

_____

_____

_____

< 생각나누기 >
QR코드를 스캔하여
다른 사람들과 소통해보세요.
etriz.com/note/28

28.기계시스템 대체 **상상노트**

오감활용 { }
{ }에 어떤 다른 감각을 사용해볼까요?

기계시스템 대체 | 189

29.
물 { },
공기 { }

물이나 공기로 채워보세요

공기 유압 활용

스물아홉 번째 발명원리는 고체와 같이 단단한 것들을 필요에 따라서 공기와 물과 같이 유동적인 것으로 대체하는 원리이다. 공기 기둥 광고물들은 평상시에는 공기를 빼내어 접어서 보관하다가 필요한 때에만 공기를 불어넣어 세워둘 수 있다. 단단한 것 대신에 내부를 공기나 물로 채우면 상황에 따라 유연하게 다양한 형태로 변경이 가능하다.

공기 {건물}, 에어돔

에어돔Air dome 은 공기의 압력을 이용하여 지탱되는 구조물이다. 일반 구조물에 비해 높은 천장을 설치할 수 있고 공사기간이 짧은 것이 특징이다. 에어돔 안의 압력을 바깥의 기압보다 조금 높게 유지하여 형체를 지탱하게 된다. 기존의 콘크리트를 활용한 건축법에 비하여 내진성이 뛰어나면서도 자연 채광을 얻을 수 있다. 야구장과 같이 거대한 공간을 쉽게 덮을 수 있어서 1988년에 개장한 일본의 도쿄돔도 에어돔으로 만들어졌다. 도쿄돔은 일본에 하나밖에 없는 에어돔 구장으로 무려 5만 명이나 되는 인원을 수용할 수 있으며 일본 프로야구팀 요미우리 자이언츠의 홈구장이기도 하다. 에어돔은 공사기간이 짧고 해체가 쉽기 때문에 임시 전시장 건물로도 활용되고 있다. 최근에는 에어돔 형태의 텐트인 버블트리BubbleTree가 개발되어 캠핑하는 이들에게 인기를 끌고 있다. 버블트리는 설치 및 해체시간이 매우 짧고 사면에 멋진 파노라마 뷰를 보여주는 것이 장점이다. 이처럼 단단한 구조물을 공기로 채워서 필요한 기능을 효율적으로 구현해보자.

91 도쿄돔

92 버블트리 텐트

공기 {완충재}, 뽁뽁이

제품의 파손을 방지하기 위해서 포장재로 널리 쓰이는 일명 '뽁뽁이'라고 불리는 제품의 정식 명칭은 '버블랩Bubble wrap'으로 1957년 알프레드 필딩Alfred Fielding 과 마크 샤반Marc Chavannes 이 발명하였다. 원래 설치하기 쉽고 세척이 용이한 벽지로 개발되었으나 버블랩에 대한 시장의 반응은 별로 좋지 않았다. 이후 온실의 단열재로 사용하는 변화를 시도하였으나 이 또한 실패로 돌아갔다. 거듭된 실패 끝에 우연한 기회를 통해서 버블랩은 포장을 위한 완충재로 쓰이기 시작했다. 당시 출시된 'IBM 1401'이라는 컴퓨터를 안전하게 배송하기 위해서 IBM은 버블랩을 처음으로 대량 구매하였고 이를 계기로 널리 인기를 얻게 되었다. 마크 샤반은 1964년에 '라미네이트 완충재 제조 방법'이라는 명칭의 특허(US 3,142,599)를 등록받았다. 포장재로 인기를 얻었지만 버블랩은 부피가 크다는 단점이 있다. 이를 해결하고자 1960년대부터 버블랩을 판매해온 실드에어Sealed Air 사는 평소에는 납작한 비닐형태지만 전용 펌프로 공기를 주입하면 볼록하게 부풀어 오르는 버블랩 IBBubble Wrap IB 를 최근 출시했다. 기존 버블랩에 비해서 차지하는 공간이 50분의 1

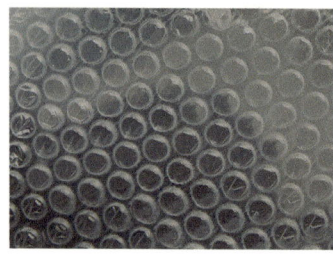

93 버블랩

94 사용할 때에만 빵빵해지는 버블랩 IB

밖에 되지 않아 운송비가 획기적으로 절감될 수 있다. 최근에도 버블랩은 완충재로 전 세계에서 널리 사용되고 있다.

공기 {바퀴}, 공기 타이어

공기타이어를 발명한 존 보이드 던롭$^{John\ Boyd\ Dunlop}$은 영국의 작은 도시의 수의사 였다. 당시 모든 바퀴는 대부분 무쇠로 만들어졌는데 조그만 충격에도 크게 흔들리는 문제가 있었다. 이에 던롭은 무쇠 바퀴에 고무를 입힌 뒤에 공기를 주입하여 충격을 흡수할 수 있는 타이어를 개발하였다. 질기고 늘어나는 성질을 지닌 고무에 공기압을 주입한 공기 타이어는 울퉁불퉁한 곳에서도 흔들려 넘어지지 않았고 승차감도 좋았다. 1888년 특허를 신청한 던롭은 '던롭공기타이어회사'를 설립하고 본격적인 생산에 들어갔다. 공기 타이어가 자전거와 자동차에 도입되면서 유럽과 미국 전역에서 선풍적인 인기를 끌게 되었다. 이처럼 단단한 것의 내부를 공기로 채우면 외부의 충격에도 유연하게 변화되는 새로운 발명이 탄생할 수 있다. 어떤 것들을 물이나 공기로 채우면 좋을지 생각해보자.

29

**어떤 단단한 것 대신에
공기나 물을 활용하겠습니까?**

{뽁뽁이}처럼

유연한 작용을 위해 물이나 공기를 채워 사용하는 것에는 어떤 것들이 있나요?

< 생각나누기 >
QR코드를 스캔하여
다른 사람들과 소통해보세요.
etriz.com/note/29

물 { }, 공기 { }

{ }을 물이나 공기로 채워볼까요?

30.
얇은 막으로
보호된 { }

얇은 막을 활용해 보세요

얇은 막

서른 번째 발명원리는 얇은 막이나 필름을 이용하여 해로운 요소와 격리하는 방법이다. 무더운 여름철에는 사람들이 많이 드나드는 매장의 출입구에 에어 커튼을 설치해서 외부의 뜨거운 공기가 매장으로 유입되는 것을 막는다. 얇은 막을 추가하거나 기존의 단단한 구조물을 얇은 막으로 대체하면 해로운 외부 환경과 공간을 분리할 수 있다.

얇은 막으로 보호된 {집}, 비닐하우스

얇은 막을 활용한 대표적인 사례가 비닐하우스이다. 비닐하우스는 일부 골격재료만 단단한 것으로 사용하고 나머지는 얇은 비닐을 덮어

95 비닐하우스

시공한다. 기존의 단단한 유리로 만든 온실에 비해서 설치비용이 저렴하고 누구나 쉽게 시공할 수 있어서 많은 농가에서 사용하고 있다. 비닐하우스를 설치하면 햇빛은 흡수하면서도 외부의 냉기를 차단하여 추운 겨울에도 다양한 작물을 기를 수 있다. 덕분에 오늘 날에는 추운 겨울에도 딸기나 오이 같은 신선한 채소나 과일을 먹을 수 있다. 하지만 얇은 비닐로 만들어진 비닐하우스는 내구성이 약하고 쉽게 오염되어 빛이 투과되는 정도가 떨어질 수 있다. 이를 해결하고자 요즘에는 얇은 비닐보다 내구성이 강한 투명한 강화판을 사용하기도 한다. 얇은 막을 활용하여 해로운 외부 환경과 격리시킬 수 있는 것들을 찾아보자.

얇은 막으로 보호된 {렌즈}, 콘택트렌즈

시력을 교정하기 위해서는 안경을 착용하는데 격렬한 운동을 하거나 야외 활동을 할 때 충격을 받으면 부서질 수 있다. 이를 대신하여 얇

96 콘택트렌즈

은 필름 형태의 콘택트렌즈를 착용할 수 있다. 눈 안에 넣는 얇은 막 형태이므로 부서질 염려가 적어서 격렬한 스포츠도 안전하게 즐길 수 있다. 미용 효과를 위해서 콘택트렌즈를 착용하는 경우도 많다. 최초의 콘택트렌즈는 갈색 유리로 만들어졌는데 이물감이 심해서 오랜 시간 착용하기는 힘들었다. 이후 산소투과도를 높이기 위해 다양한 재질의 콘택트렌즈가 만들어졌다. 시행착오 끝에 얇고 유연성이 강한 소프트렌즈가 개발되어 널리 사용되고 있다.

얇은 막으로 보호된 {방수}, 방수 스프레이

등산이나 야외 활동을 할 때 갑자기 비가 내리면 신발이나 텐트가 물에 젖을 수 있다. 이에 대비하여 미리 방수 스프레이를 뿌려주면 얇은 방수막이 형성되어 젖는 것을 방지할 수 있다. 습기에 약한 스마트폰이나 가죽 제품 등에도 유용하게 활용할 수 있다. 방수 처리를 할 경우에는 습기 침투를 막을 수 있지만 공기도 통할 수 없다. 때문에 통기성이 중요한 제품에는 발수처리만 한다. 물과 반응하지 않는 성분으로 만들어진 발수제를 발라서 표면을 코팅하여 물방울이 침투하지 않고

흘러내리게 하는 원리이다. 습기 침투는 막되 공기는 원활하게 통할 수 있다는 장점이 있다. 이처럼 필요한 곳에만 얇은 막을 형성하여 보호할 수 있는 것들을 찾아보자.

30

**어떤 얇은 막을 활용하여
해로운 것으로부터 격리하겠습니까?**

탐색노트 30. 얇은 막

{비닐하우스}처럼
해로운 요소로부터 보호하기 위해 얇은 막을 활용한 것에는 어떤 것들이 있나요?

< 생각나누기 >
QR코드를 스캔하여
다른 사람들과 소통해보세요.
etriz.com/note/30

30.얇은 막 상상노트

얇은 막으로 보호된 { }
{   }에 얇은 막을 더해볼까요?

31.
구멍 뚫린 { }

구멍이 뚫린 물질을 활용해 보세요

다공질

서른한 번째 발명원리는 꽉 채워져 있는 것을 구멍이 있는 상태로 만드는 다공질 원리이다. 채우려고만 하지 말고 비워보고 비워진 곳에 새로운 것들로 채워보자. 비워진 공간이 새로운 기능을 만들어낼 수 있다.

구멍 뚫린 {재료}, 스펀지

일상생활에서 흔히 사용되는 스펀지는 다공성 소재로 만들어진 제품이다. 내부에 작은 구멍으로 가득 차 있기 때문에 가볍고 쉽게 압축되며 물과 세제를 흡수할 수 있어서 세척을 위한 주방용품으로 널리 사용되고 있다. 전자제품의 내부에 스펀지가 사용되는 경우도 있다. 액체

97 스펀지　　　　　　　　　　　　98 크록스 신발

로 채워진 전자부품이 고온에서 작동하면 내부의 액체가 팽창하여 부품 밖으로 새어나오는 문제가 있다. 이를 해결하기 위해서 내부에 스펀지를 포함시키면 액체가 팽창하는 힘에 의해 스펀지가 압축되고 팽창된 액체가 머물 공간이 만들어진다. 외부의 힘에 의해 압축되었다가 다시 팽창하는 스펀지의 성질을 잘 이용한 사례이다. 소프트 아이스크림도 물질의 구멍을 활용하여 비슷한 원리로 만들어졌다. 아이스크림의 원료를 얼리면서 공기를 주입하여 내부에 작은 구멍을 많이 포함한 상태로 만든 것이다. 덕분에 일반적인 단단한 아이스크림과 달리 부드러운 식감을 느낄 수 있다. 단단한 벽돌에 공기를 넣어 만든 다공성 벽돌은 강도는 유지하면서 무게를 줄였다. 이처럼 꽉 채워진 곳에 구멍을 만들고 필요한 물질들로 채우면 유익한 결과를 얻을 수 있다.

구멍 뚫린 {신발}, 크록스 신발

구멍이 숭숭 뚫린 고무신발 크록스Crocs는 2002년 미국 콜로라도에서 처음 개발되어 전 세계적으로 큰 인기를 끌고 있다. 크록스의 모든 신발은 자체 개발한 밀폐기포 합성수지 소재인 크로슬라이트^{Croslite}를 사용해서 만들어진다. 이는 기존의 고무에 기포를 포함시켜서 만든 가볍고 부드러운 소재이다. 덕분에 크록스의 신발은 가볍고 착용감이 뛰어나며 내구성도 좋다. 내부에 박테리아가 번식할 수 없기 때문에 냄새가 나지 않고 매우 위생적이라는 장점도 있다.

구멍 뚫린 {비누}, 아이보리 비누

일반적인 비누는 욕조에 떨어뜨리면 바닥에 가라앉기 때문에 쉽게 찾기가 어렵다. 이러한 문제를 해결한 것이 그 유명한 물에 뜨는 아이보리 비누이다. 사실 아이보리 비누는 한 직원의 실수 덕분에 만들어졌다고 한다. 비누 원료를 끓이다가 열을 조절하는 것을 깜빡 잊고 과열시켰더니 밀도 높은 비누 거품들이 생겨난 것이다. 이 거품을 응축하여 만든 것이 바로 물에 뜨는 아이보리 비누이다. 이는 P&G의 대표적인 상품으로 오랫동안 큰 인기를 얻었다.

99 아이보리 비누

> **31**
>
> 무엇을
> 다공성으로 만들겠습니까?

31. 다공질

{스펀지}처럼
구멍이 뚫린 물질을 활용한 것은 어떤 것들이 있나요?

< 생각나누기 >
QR코드를 스캔하여
다른 사람들과 소통해보세요.
etriz.com/note/31

구멍 뚫린 { }

{ }을 구멍 뚫린 상태로 바꾸어볼까요?

32.
색을
바꾼 { }

필요한 정보를 나타내기 위해 색깔을 변경해 보세요

색깔변경

 서른두 번째 발명원리는 색이나 투명도를 바꾸어 새로운 기능을 부여하는 원리이다. 물체나 환경의 색을 변경하면 색깔에 따라 다른 상태를 표시하거나 구분하기가 쉬워진다. 주유소에서 휘발유와 경유를 주유 손잡이의 색깔로 구분하고 배터리의 충전 상태를 색깔로 알려주는 것도 비슷한 이치이다.

색을 바꾼 {프라이팬}, 테팔 프라이팬

 요리를 하려면 먼저 팬을 적절한 온도로 잘 달궈야 한다. 덜 달궈진 팬에 음식 재료를 바로 넣으면 프라이팬에 달라붙어서 요리를 망칠 수

100 테팔 프라이팬의 써모 스팟

있다. 온도를 측정하기 위해서는 손을 가까이 대어보거나 재료의 일부를 넣어서 반응을 확인해 보아야 한다. 이러한 불편을 해결하기 위해 테팔 프라이팬은 요리에 적합한 온도를 알려주는 써모 스팟$^{Thermo-Spot}$을 팬의 한 가운데에 부착했다. 가열하기 전에는 써모 스팟의 패턴이 선명하게 보이지만 온도가 올라가면 패턴이 사라지고 짙은 빨간 색의 원으로 바뀌게 된다. 색깔을 변경하여 요리하기에 적합한 온도를 알려주는 것이다. 비슷한 원리로 맥주를 마시기에 가장 좋은 온도가 되면 맥주병 곁면에 붙어 있는 라벨의 색깔이 변경되는 사례가 있다. 아기들이 차고 있는 일회용 기저귀는 벗겨보지 않아도 바깥쪽에 표시된 줄의 색깔이 바뀌면 오줌을 쌌다는 것을 쉽게 알 수 있다. 이처럼 색이나 투명도를 변경하여 새로운 정보를 표현할 수 있는 사례를 찾아보자.

색을 바꾼 {봉투}, 투명창 봉투

일반적인 편지 봉투는 곁에 보내는 이와 받는 이의 주소와 이름을 일일이 적거나 스티커를 부착한다. 하지만 여러 사람에게 발송하기 위해서는 봉투마다 다른 정보를 담아야하기에 시간과 노력이 많이 필요하다. 이러한 불편을 해결하여 봉투의 일부분을 투명하게 만든 투명창 봉투가 발명되었다. 투명창 봉투는 주소가 위치할 부분이 투명한 비닐로 되어 있어 내용물의 적절한 위치에 주소를 출력해두고 이를 투명창을 통해서 밖으로 드러나게 배치하면 된다. 봉투 일부분의 투명도를 변경함으로써 번거로운 업무를 처리하지 않게 된 것이다. 일부를 투명하게 만들어 내부에 있는 정보를 보이도록 변경하면 좋은 것들을 찾아보자.

색을 바꾼 {바나나 우유}, 바나나 우유

'바나나맛 우유'는 1974년부터 빙그레에서 판매하고 있는 제품으로 오랜 시간 많은 사람들의 사랑을 받아 왔다. 가운데가 불룩한 용기에 담겨져 있으며 바나나 껍질의 고유한 색깔인 노란색으로 바나나맛 제품임을 잘 보여준다. 이에 대한 도전으로 매일유업은 2006년 '바나나는 원래 하얗다'라는 이름의 새로운 바나나 우유를 출시하였다. 이름에

101 바나나맛 우유

102 바나나는 원래 하얗다

서 알 수 있듯이 바나나 껍질의 색이 아닌 바나나 과육의 흰색을 강조하여 색소가 아닌 천연과즙이 들어간 건강한 제품임을 내세웠다. 이처럼 색깔을 변경하면 전달하고자 하는 정보를 효과적으로 나타낼 수 있다.

32

색깔이나 투명도를 바꿀 수 있습니까?

{리트머스지}처럼
필요한 정보를 나타내기 위해 색깔을 변경하게 한 것은 어떤 것들이 있나요?

< 생각나누기 >
QR코드를 스캔하여
다른 사람들과 소통해보세요.
etriz.com/note/32

색을 바꾼 { }

{ }의 색깔을 바꾸면 어떤 정보를 나타낼 수 있을까요?

33.
동일한 재료로 만든 { }

동일하거나 비슷한 것으로 만들어보세요

〓

동질성

서른세 번째 발명원리는 같거나 비슷하게 만드는 동질성의 원리이다. 동물들은 자신의 피부색을 주위환경과 비슷한 색으로 바꾸어 천적으로부터 자신을 보호한다. 상처가 났을 때 붙이는 밴드형 반창고도 피부와 유사한 색으로 만들어져 눈에 잘 띄지 않는다. 이처럼 동일하거나 비슷한 특성을 가지도록 여러 속성을 변경해보자.

동일한 재료로 만든 {집}, 이글루

이글루Igloo는 알래스카나 시베리아와 같은 추운 지방에서 눈이나 얼음덩어리로 만든 돔 형태의 집이다. 주변에 온통 널려있는 차가운 눈덩

이를 벽돌 모양으로 만들어서 둥근 지붕 모양이 되게 쌓아올리기만 하면 완성된다. 차가운 눈으로 만들었지만 영하 40도의 강추위 속에서도 이글루의 내부는 영하 5도 정도를 유지한다. 돔 형태의 구조이기 때문에 천장이 막혀있어 위로 올라간 따뜻한 공기는 그대로 머물고 찬 공기만 아래쪽에 위치한 좁은 입구로 빠져나간다. 또한 이글루 안에서 불을 지피면 천장의 일부가 벽을 타고 녹아서 흘러내리다가 바로 다시 얼어붙으면서 응고열을 방출하기 때문에 내부가 비교적 따뜻하게 유지될 수 있다. 이를 활용하여 날씨가 추워지면 이글루 내부 벽에 물을 뿌려서 더 따뜻해지도록 만들 수 있다. 주변에 널린 눈으로 만든 이글루처럼 주변 환경에서 구할 수 있는 것들로 새로운 것을 만들어보자.

103 이글루

동일한 재료로 만든 {이쑤시개}, 녹말 이쑤시개

나무 이쑤시개는 종종 음식물 쓰레기에 섞여 들어가 동물이 섭취할 경우에 내장을 찌르는 문제가 발생한다. 녹말로 만들어진 이쑤시개는 음식물 쓰레기에 섞여 들어가 동물의 사료로 재활용되더라도 아무런 문제가 없다. 위장에 들어가면 쉽게 녹아서 분해되는 재료이기 때문이다. 이처럼 버려서 문제가 되는 것들이 있다면 동일하거나 비슷한 특성을 가지도록 변경해보자.

동일한 재료로 만든 {컵}, 라바짜 쿠키컵

한집 건너 한집이 커피를 판매하는 카페일 정도로 커피는 우리 생활의 일부분이 되었다. 카페에서는 일회용 컵을 많이 사용하다 보니 한번 쓰고 버려지는 일회용 컵들이 늘어나 환경을 오염시키는 원인이 되고 있다. 이러한 문제를 해결하기 위해서 글로벌 커피회사인 라바짜Lavazza는 한 디자인 업체와 손을 잡고 먹을 수 있는 컵을 개발하였다. 바로 쿠키로 만들어진 '라바짜 쿠키컵'이다. 커피를 다 마시고 난 뒤에는 달콤한 설탕이 발린 쿠키컵까지 먹을 수 있다. 커피가 쿠키에 스며들면 컵

104 라바짜 쿠키컵

이 녹아버릴 수 있으므로 쿠키컵의 내부는 수분이 스며들지 않는 특수 설탕으로 코팅되어 있다. 덕분에 끝까지 커피를 천천히 즐기면서 마실 수 있다. 아이스크림 가게에서 원추형의 과자에 아이스크림을 담아주어 아이스크림도 먹고 과자도 함께 먹을 수 있는 것과 같은 이치이다. 먹을 수 있는 다른 용기는 어떤 것이 있을까?

33

**본체와 주변을
유사하게 만들어 보겠습니까?**

탐색노트 | 33. 동질성

{먹자골목}처럼
동일하거나 비슷한 것들로 만든 것은 어떤 것들이 있나요?

< 생각나누기 >
QR코드를 스캔하여
다른 사람들과 소통해보세요.
etriz.com/note/33

동일한 재료로 만든 { }

{　}을 어떤 동일한 재료로 만들어볼까요?

34.
다시 쓰는 { }

다 쓴 것을 다시 사용할 방법을 찾아보세요

폐기 혹은 재생

서른네 번째 발명원리는 기능을 마친 요소는 폐기하거나 혹은 재활용하라는 원리이다. 잘 알려진 사자성어 중에 '토사구팽(兎死狗烹)'은 '토끼 사냥을 마치면 사냥개는 삶아먹는다.' 는 의미로 실컷 부려먹고 내팽개친다는 뜻을 담고 있다. 바로 폐기 재생 원리의 의미와 일맥상통한다. 기능을 마친 부분은 계속 가지고 있을 필요가 없으므로 폐기하거나 개조하여 재활용할 방법을 찾아보라는 것이다.

다시 쓰는 {로켓}, 재활용 로켓

한국 최초의 우주발사체인 '나로호'는 두 번의 실패 끝에 2013년 1

월, 3차 발사시도에서 성공하였다. 1차 발사 때의 실패 원인은 인공위성을 감싸는 페어링이라는 부품의 한쪽만 분리되고 다른 한쪽은 그대로 남아있었기 때문인 것으로 알려져 있다. 인공위성 발사 시에 추진 로켓이나 페어링은 그 역할을 마치면 정확한 시기에 분리되어야 한다. 만약 분리되지 않고 남아 있으면 무거워서 인공위성이 원하는 궤도에 오를 수가 없다. 맡은 바 기능을 마치면 폐기시키는 것이다. 인공위성을 원하는 궤도까지 올려주는 추진 로켓은 대부분 한번 쓰고 버려지지만 사실 전체 발사비용에 매우 큰 부분을 차지하고 있다. 이에 미국의 우주 개발 기업인 스페이스X는 로켓을 재활용할 수 있는 방법을 개발하였다. 2017년 1월, 스페이스X는 통신위성 10개를 탑재한 팔콘 9 로켓을 성공적으로 발사한 뒤에 1단 로켓을 성공적으로 수거하였다. 수거된 로켓은 정비를 거쳐 앞으로 다른 인공위성 발사에 재활용될 수 있다. 덕분에 앞으로는 로켓 발사 비용을 획기적으로 낮출 수 있을 것으로 기대된다. 모든 존재는 그 존재의 기능 때문에 존재 의미가 있다고 강조한 바 있다. 역할을 마친 것은 버릴 방법을 찾고 혹시 재활용이 가능하다면 재생시킬 방법을 찾아보자.

다시 쓰는 {음식물 쓰레기}, 스마트카라

음식물 쓰레기는 대부분 매립되는데 썩기까지 상당한 시간이 소요되며 부패되는 과정에서 많은 오염물질과 냄새가 발생한다. 처치 곤란인 음식물 쓰레기를 보다 효과적으로 처리하기 위해서 음식물 쓰레기 처리기인 '스마트카라'가 개발되었다. 음식물 쓰레기를 잘게 분쇄하고

105 음식물 처리기, 스마트카라   106 뉴욕의 쓰레기 예술품

건조하여 부피를 최대 90%까지 줄일 수 있다는 것이 장점이다. 분쇄 건조 처리된 음식물 쓰레기 가루는 고형연료로 재생하여 사용할 수 있다. 역할을 마친 음식물 쓰레기를 편리하게 폐기하고 다시 다른 자원으로 재활용하는 친환경적인 제품이다. 이 제품은 개발과정에 트리즈를 적극 활용하여 그 성과를 인정받아 글로벌 트리즈 콘퍼런스에서 우수논문상을 수상한 바 있다. 2017년 1월에는 폐기물 처리 산업 발전에 기여한 공로로 환경부장관 표창을 받았다.

다시 쓰는 {쓰레기}, 뉴욕의 쓰레기 예술품

뉴욕에 거주하는 예술가이자 사업가인 저스틴 지나크Justin Gignac는 길거리에 나뒹구는 쓰레기를 그대로 포장해서 예술품으로 재탄생시켰다. 타임스퀘어 주변의 쓰레기를 직접 주워서 작은 아크릴박스에 넣고 개당 50달러에 팔기 시작한 것이다. 뉴욕은 전 세계 사람이 모여드는 도시이기에 길거리 쓰레기를 활용하여 뉴욕만의 문화와 다양성을 전하려고 했다고 한다. 오바마 대통령의 취임식과 같이 특별한 날에는 한정판을 제작하여 더 비싼 가격에 판매하기도 하였다. 쓰레기를 예술품으로 둔갑시킨 독특한 작품은 입소문을 타고 전 세계에 알려졌다. 이처럼 폐기된 쓰레기도 약간의 개조를 통해 '버려진 것'에서 '간직할 것'으로 재탄생할 수 있다. 우리 주변에서 역할을 마치고 버려진 것들을 어떤 방법으로 재활용할 수 있을지 생각해보자.

> **34**
>
> 폐기하거나
> 재생이 가능한 것은 무엇입니까?

탐색노트 34.폐기 혹은 재생

{쓰레기 예술품}처럼
다 쓴 것을 다시 사용하게 한 것에는 어떤 것들이 있나요?

< 생각나누기 >
QR코드를 스캔하여
다른 사람들과 소통해보세요.
etriz.com/note/34

34.폐기 혹은 재생 | 상상노트

다시 쓰는 { }

{   }을 어떻게 다시 쓸 수 있도록 만들어볼까요?

폐기 혹은 재생

35.
성질을
바꾼 { }

물질의 성질을 변화시켜 보세요

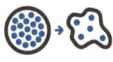

속성변환

서른다섯 번째 원리는 물질의 농도, 밀도, 유연성 등의 다양한 속성을 변화시키는 원리이다. 초콜릿 안에 액체 시럽을 담기 위해서는 먼저 시럽을 얼려서 고체 상태로 만든 다음 얼린 시럽을 초콜릿에 담근다. 나중에 시럽이 녹으면서 초콜릿 안에 갇히게 되어 시럽을 포함한 초콜릿을 만들 수 있다. 고체 비누는 여러 사람이 함께 사용할 경우 세균 감염 통로가 될 수도 있다. 반면에 비누를 녹여 만든 액체비누는 각자 필요한 만큼씩 덜어서 사용할 수 있어서 보다 위생적이다. 물질의 속성을 변경시켜 활용할 수 있는 것들을 찾아보자

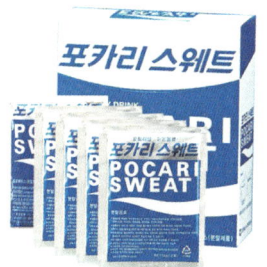

107 팝콘   108 분말 포카리스웨트

성질을 바꾼 {옥수수}, 팝콘

옥수수를 튀겨서 만든 팝콘은 영화관에서 가장 인기 있는 간식 중의 하나이다. 현대적인 팝콘 제조 기계가 만들어지기 전에는 뜨거운 토기에 옥수수를 담아 튀겨서 팝콘을 만들었다고 한다. 팝콘이 만들어지는 원리는 다음과 같다. 옥수수 낟알의 단단한 껍데기 안에는 수분이 함유되어 있는데 열을 가하면 내부의 수분이 기화되면서 압력이 증가하게 된다. 일정 수준으로 압력이 높아지면 껍데기가 압력을 견디지 못하고 뻥 터지면서 원래 부피의 40배 수준으로 부풀어 오른다. 단단한 옥수수 알갱이의 부피를 팽창시켜서 눈꽃 모양의 팝콘이 만들어지는 것이다. 이처럼 물질의 속성을 다양하게 변경시켜서 원하는 기능을 효과적으로 수행해보자.

성질을 바꾼 {음료수}, 포카리스웨트 파우더

운동 뒤에 마시는 이온 음료는 체내 수분을 빠르게 보충할 수 있어서 인기가 높다. 하지만 액체 상태인 이온 음료는 부피가 커서 보관이나 이동이 쉽지 않다. 이러한 문제를 개선하고자 이온음료인 포카리스웨트를 액체에서 분말로 속성을 변경한 제품이 출시되었다. 액체와 달리 가벼운 가루로 만들어진 제품으로 쉽게 변질되지 않고 가볍게 휴대하여 물에 타서 마실 수 있다.

성질을 바꾼 {우유}, 분유

액체 상태의 우유를 고체 상태의 분말로 만든 것이 분유이다. 분유는 액체인 우유에 비해서 쉽게 상하지 않고 상온에서 보관 및 운송이 가능하다. 분유를 제조하기 위해서 가열된 표면 위에 우유를 얇게 뿌리고 이를 건조하여 긁어내는 방식을 사용하였는데 최근에는 우유의 영양소를 보존하기 위해 냉동건조법을 활용하고 있다. 분유는 유아들에게 모

109 분유

유 대체품으로 사용될 뿐만 아니라 기아에 허덕이는 빈민 국가를 위한 구호용품으로도 요긴하게 사용되고 있다.

35

어떤 속성(농도, 밀도, 유연성)을
변화시켜 보겠습니까?

{분유}처럼
물질의 성질을 변화시킨 것에는 어떤 것들이 있나요?

< 생각나누기 >
QR코드를 스캔하여
다른 사람들과 소통해보세요.
etriz.com/note/35

35. 속성변환 | 상상노트

성질을 바꾼 { }
{ }의 어떤 성질을 변화시켜볼까요?

36.
상태를
바꾼 { }

물질이 다른 상태를 갖게 변경해 보세요

상전이

서른여섯 번째 발명원리는 상전이 원리이다. 모든 물질은 고체, 액체, 기체의 세 가지 상태를 가진다. 한 상태에서 다른 상태로 변하는 것을 '상전이'라고 하는데 상전이 시에는 부피의 팽창과 축소, 열의 흡수와 발산과 같은 현상을 동반하게 된다. 냉장고와 에어컨은 내부에 포함된 냉매가 상전이되면서 발생하는 열의 흡수와 발산을 활용한 사례이다.

상태를 바꾼 {얼음}, 드라이아이스

드라이아이스는 석유나 석탄을 태워서 생기는 이산화탄소를 높은 압력과 낮은 온도의 조건에서 고체로 변화시킨 물질이다. 얼음이 녹으면

110 드라이아이스　　　　　　111 드라이아이스 세척기

고체에서 액체로 바뀌지만 드라이아이스는 고체 상태에서 바로 기체인 이산화탄소로 승화되는 특성이 있다. 액체 상태를 거치지 않고 승화되면서 주위의 열을 흡수하는 특성 덕분에 아이스크림의 냉각 포장에 널리 활용되고 있다. 드라이아이스의 또 다른 특징은 고체에서 기체로 승화되면서 부피가 크게 팽창한다는 것이다. 이러한 특성을 활용한 기술이 바로 드라이아이스 세척기Dry ice blast이다. 작은 드라이아이스 알갱이를 고속으로 뿌리면 이물질들과 서로 부딪혀 충격을 만들어내고 부피가 800배가량 팽창하면서 이물질들이 떨어진다. 이물질들을 제거하고 깨끗하게 세척할 수 있어서 식품 가공이나 거리의 동상을 세척하는 데에 널리 쓰이고 있다. 대상이 완전히 다른 상태로 전이되면서 발생하는 변화들을 잘 이용해보자.

상전이 | **233**

112 액체형 손난로

상태를 바꾼 {손난로}, 액체형 손난로

액체형 손난로는 추운 겨울에 장기간 야외 활동을 할 경우 편리하게 사용할 수 있는 보온 도구이다. 내부에 포함된 물질은 아세트산나트륨^{CH_3COONa} 인데 물에 넣고 가열하면 투명한 액체 상태가 되면서 열을 흡수한다. 내부에 들어 있는 작은 쇳조각을 몇 번 똑딱 눌러주면 딱딱한 고체로 서서히 변하면서 일정 시간 동안 열을 발산한다. 과포화의 불안정한 액체 상태이기에 쇳조각의 작은 충격에도 응고 반응이 일어나는 것이다. 식은 이후에는 다시 뜨거운 물에 넣고 다시 가열하여 재사용할 수 있다.

상태를 바꾼 {고객}, 불만고객을 충성고객으로

고객에게 서비스를 제공하다보면 불만을 가진 고객을 만날 수 있다.

불만이 있는 고객은 자신의 문제가 해결되지 않으면 다시는 그 기업과 거래하려 하지 않는다. 게다가 주변의 사람들에게 안 좋은 입소문을 내기 마련이다. 불만고객을 내버려두지 않고 적극적으로 문제를 해결하면 대부분은 일반고객보다 더 우수한 충성고객이 될 수 있다. 이러한 과정에서 그 이전보다 훨씬 기업에 대한 기대가 상승하게 된다. 좋지 않은 국면을 전환하면 기존보다 더 큰 이익을 기대할 수 있다.

36

**어떤 상전이 현상을
이용하겠습니까?**

{드라이아이스}처럼
물질이 다른 상태를 갖게 변경한 것에는 어떤 것들이 있나요?

< 생각나누기 >
QR코드를 스캔하여
다른 사람들과 소통해보세요.
etriz.com/note/36

36.상전이 **상상노트**

상태를 바꾼 {　}
{　}의 어떤 상태를 변화시켜볼까요?

_____

_____

_____

_____

상전이 | 237

37.
일부를
팽창시킨 { }

일부분을 팽창시켜 보세요

열팽창

서른일곱 번째 발명원리는 온도 변화에 따른 팽창 및 수축을 이용하는 원리이다. 알코올이나 수은은 온도변화에 따라 부피의 팽창과 수축이 큰 물질이다. 수은온도계는 좁은 유리관에 수은을 넣고 팽창하는 정도에 따라 온도의 변화를 알려준다. 열을 가해 팽창시킬 수 있는 요소들을 찾아서 효과적으로 활용해보자.

일부를 팽창시킨 {풍선}, 열기구

열팽창을 활용한 대표적인 발명이 열기구이다. 열기구를 발명한 사람은 프랑스에서 제지공장을 운영하던 몽골피에Montgolfier 형제였다. 그들은 1782년부터 열기구에 대한 실험을 수행하여 1783년 6월 5일에는 지름이 12미터에 달하는 열기구를 하늘로 띄워 올리는데 성공하였다. 이 날을 기념하여 매년 6월 5일을 열기구의 날 Hot Air Balloon Day 로 정하여 다양한 행사가 진행된다. 하늘 높이 떠오르는 열기구는 열에 의해 공기가 팽창하는 원리를 이용한 것이다. 커다란 풍선 밑에서 열을 가하면 내부의 공기가 가열되면서 부피가 팽창하게 되고 팽창된 공기는 일부가 밖으로 빠져나간다. 이에 따라 풍선 내부의 공기 밀도는 바깥의 공기보다 낮아져서 풍선이 가벼워지면서 위로 뜨는 원리를 이용한 것이다. 연말연시나 축제에서 소원을 적어 날리는 풍등도 열기구와 비슷한 원리이다. 한지로 만들어진 풍등의 아래쪽에서 고체연료를 일정 시간 태우면 풍등 내부의 공기가 팽창하게 되어 하늘로 날아가게 된다. 효과가 있는 부분을 팽창시켜 원하는 결과를 만들어보자.

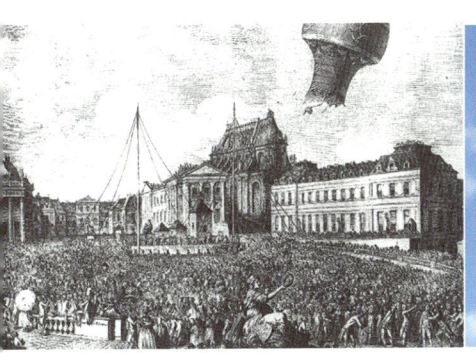

113 사람을 태운 최초의 열기구 (1783년)

114 열기구

일부를 팽창시킨 {금속}, 바이메탈

모든 물질은 동일한 열을 가했을 때 팽창되는 정도가 다르다. 이러한 물질의 고유한 값을 열팽창계수라고 한다. 바이메탈Bimetal은 열팽창계수가 다른 두 종류의 얇은 금속판을 포개어 만든 것이다. 열을 가하면 열팽창계수가 큰 금속의 반대편으로 휘어지고 가열을 멈추면 원래의 상태로 돌아가게 된다. 이러한 특성을 이용하여 전기밥솥, 다리미, 전기장판과 같은 전열기기의 자동 온도조절 스위치로 사용되고 있다.

일부를 팽창시킨 {컵뚜껑}, Nohot Cup

뜨거운 커피를 무심코 마시다 입천장을 데이는 경우가 종종 있다. 마시기 적당한 온도인지를 미리 알 수 있다면 매우 편리할 것이다. 이러한 문제를 해결하기 위해서 노핫컵Nohot Cup이 발명되었다. 레드닷 디자인 어워드에서 수상한 바 있는 노핫컵은 음료의 온도에 따른 부피의 변화를 이용하여 뜨거운 정도를 알려준다. 이 컵의 뚜껑은 온도에 따라

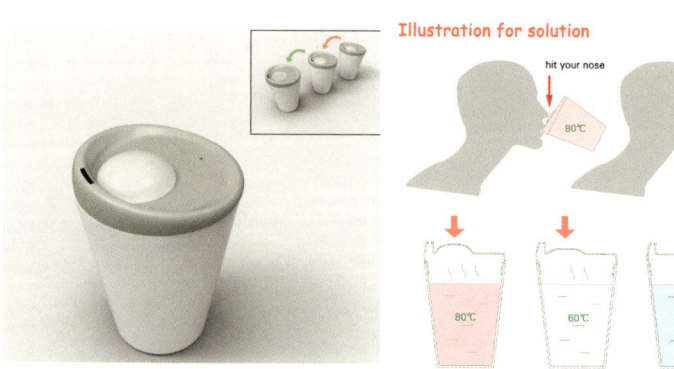

115 Nohot Cup

서 팽창하는 재질로 만들어져 있는데 뜨거운 음료를 담으면 뚜껑이 볼록하게 부풀어 올라 음료의 뜨거운 정도를 확인할 수 있는 것이다. 뜨거운 상태에서 마시려고 해도 볼록하게 솟아오른 부분이 코에 닿아서 기울여지지 않는다. 열을 가하면 형상이 변하는 성질을 활용하여 새로운 정보를 전달할 수 있는 것들을 찾아보자.

37

**어떤 부분을
팽창시키겠습니까?**

탐색노트 37. 열팽창

{열기구}처럼
일부분을 팽창시킨 것에는 어떤 것들이 있나요?

< 생각나누기 >
QR코드를 스캔하여
다른 사람들과 소통해보세요.
etriz.com/note/37

일부를 팽창시킨 {   }

{   }의 어떤 일부분을 팽창시켜볼까요?

37.
반응을
더한 { }

반응을 활발하게 만들 수 있는 것을 찾아보세요

활성화

서른여덟 번째 발명원리는 활성화 요소를 도입하여 반응을 활발하게 하는 원리이다. 소화제는 위장운동을 촉진시키거나 소화효소를 많이 나오도록 하여 소화를 돕는다. 촉매는 자신은 변화하지 않으면서 화학반응의 속도를 조절한다. 소화제나 촉매처럼 원하는 반응이 활발하게 일어나도록 돕는 활성화 요소를 도입해보자.

반응을 더한 {응원}, 치어리더

야구장에서 분위기를 돋우는 활성화 요소는 무엇일까? 아마도 다들 '치어리더'를 꼽을 것이다. 치어리더는 흥겨운 음악이나 구호에 맞추어

춤을 추고 관중들이 함께 응원하도록 유도하는 역할을 한다. 이 덕분에 경기를 관람하러 온 사람들은 야구 경기도 보고 함께 응원하면서 즐거운 시간을 보낼 수 있다. 야구장에서 치어리더가 분위기를 돋우는 것처럼 축제에서 빠질 수 없는 것이 바로 불꽃놀이이다. 불꽃놀이는 흑색 화약을 연소시켜서 불꽃을 만들어낸다. 흑색 화약을 곱게 갈면 갈수록 빠르게 연소가 진행된다. 이는 화약의 표면적이 늘어나 불이 붙을 공간이 많아지기 때문이다. 불꽃에 색깔을 입히기 위해서 다양한 금속이 포함된 시약을 추가하는데 리튬을 넣으면 붉은 색이 나오고 나트륨을 넣으면 노란색이 나온다. 다양한 금속 첨가물의 배합을 통해 형형색색의 아름다운 불꽃이 만들어지는 것이다. <u>원하는 반응을 더욱 더 활발하게 하기 위해서 투입 가능한 활성화 요소를 찾아보자.</u>

반응을 더한 {도자기}, 고려청자

고려청자는 고려 시대에 만들어진 푸른빛의 자기를 말한다. 고려

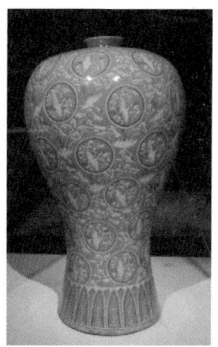

116 고려청자

청자만의 특별한 비취색에는 산화반응과 연관된 비밀이 숨어있다. 도자기를 구울 때 유약을 바르는데 유약 안에 적은 양의 철분이 함유되어 있다. 유약을 바른 도자기를 높은 온도에서 구워내면 유약 내에 포함된 철분이 불꽃과 반응하여 산화되면서 고려청자의 특유의 비취색을 띠게 되는 것이다. 철분이 산화되면서 색깔이 바뀌는 현상을 슬기롭게 이용한 사례이다.

반응을 더한 {손난로}, 핫팩

겨울철에 널리 쓰이는 핫팩은 산화반응을 활용한 발명품이다. 핫팩 안에는 철가루, 활성탄, 소금, 톱밥 등의 재료와 소량의 물이 들어있다.

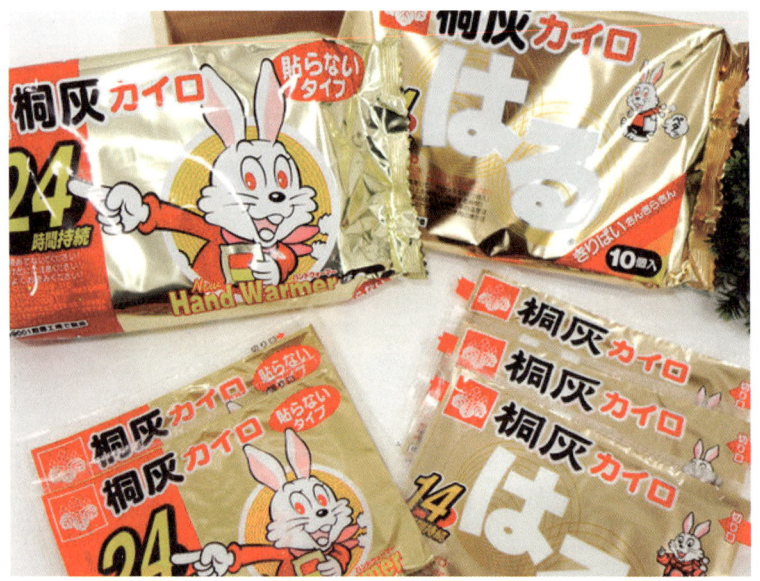

117 핫팩

평소에는 밀봉된 상태로 있어서 아무런 반응도 일어나지 않지만 포장지를 뜯으면 철가루가 산소와 만나 산화반응을 일으키면서 열이 발생한다. 철과 산소가 가진 에너지보다 산화반응을 거친 산화철이 가지는 에너지가 크기 때문에 열에너지로 방출되는 것이다. 이때 소금과 활성탄은 산화반응을 빠르게 일어나게 하는 촉매제 역할을 한다.

38
**어떤 활성화 요소를
도입하겠습니까?**

{치어리더}처럼

원하는 반응을 더욱 활발하게 만들어 주는 것은 어떤 것들이 있나요?

반응을 더한 { }

{ }을 어떻게 활발하게 만들어볼까요?

39. 반응을 뺀 { }

반응을 안정시킬 수 있는 것을 찾아보세요

비활성화

서른아홉 번째 발명원리는 정상적인 환경을 불활성 환경으로 만드는 원리이다. 음식을 진공 상태로 포장하면 내부의 공기가 제거되었기 때문에 미생물에 의한 부패를 방지할 수 있어 오랜 기간 보관이 가능하다.

반응을 뺀 {화재}, 소화기

소화기는 화재 초기단계에서 공기를 차단하여 불을 끄는 도구이다. 사용되는 약제나 방식에 따라 여러 가지 종류가 있다. 포말 소화기는 소화기를 뒤집어 흔들면 내부에 포함된 물질들이 화학반응을 일으킨다. 이때 발생한 이산화탄소의 거품과 수산화알루미늄의 거품을 불이 난

118 소화기

곳에 뿌려서 연소물 주위의 공기를 차단한다. 이산화탄소 소화기는 액화 상태의 이산화탄소를 사용한다. 용기에서 방출된 이산화탄소는 액체에서 고체 상태의 드라이아이스가 되었다가 순간적으로 연소물 주위에서 다시 승화하여 이산화탄소 기체가 된다. 이 과정에서 발생하는 승화열에 의해 연소물을 발화점 이하로 냉각시키고 이산화탄소 기체가 연소물 주위의 산소를 차단하여 불을 진압하는 것이다. 연소물이 더 이상 탈 수 없는 불활성 상태를 만드는 것이 소화기의 핵심 기능이다.

반응을 뺀 {방}, 클린룸

클린룸은 미생물과 세균을 제거하여 만들어진 방으로 일반적으로 자외선에 의한 살균과 헤파 필터를 사용한 공기 정화 작업을 거쳐서 만들어진다. 실내의 먼지나 미생물들은 강제로 외부로 배출하고 외기는 들어오지 못하도록 차단되어 있다. 오염되기 쉬운 식품들을 포장하는 곳이나 의약품을 개발하는 연구실, 미세한 먼지에도 이상이 발생할 수 있는 반도체 소자를 다루는 공정 등에서 활용되고 있다.

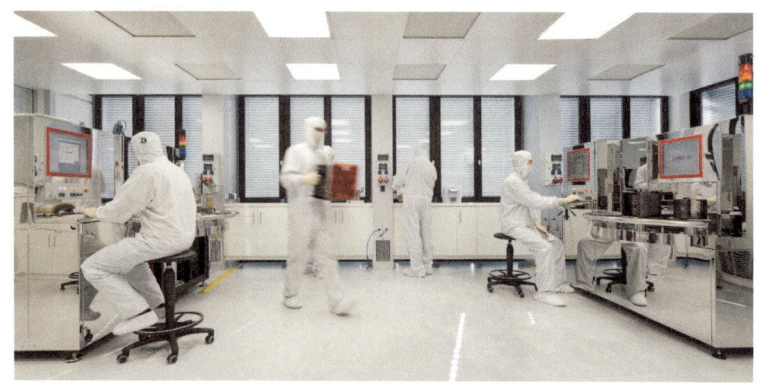

119 클린룸

반응을 뺀 {밥}, 햇반

갓 지은 밥이 가장 맛은 있지만 매번 새로 밥을 지어 먹기는 힘들다. 때문에 대부분의 가정에서는 많은 양의 밥을 한꺼번에 지어서 보온 밥솥에 보관해서 먹는다. 어떻게 하면 언제나 갓 지은 듯한 맛있는 밥을 먹을 수 있을까? 이러한 고민에서 생겨난 것이 상온에서 보관하다가 가열만 하면 즉석에서 먹을 수 있는 햇반이다. 햇반은 살균을 통해 미생물이 제거된 깨끗한 쌀로 밥을 맛있게 지은 후에 수분과 공기가 통하지 않게 무균 진공포장을 하였다. 진공포장으로 밥의 주위를 불활성 상태로 만든 것이다. 덕분에 방부제를 넣지 않아도 상온에서 오랜 기간 보관할 수 있고 전자레인지에 2분만 가열하면 언제나 김이 모락모락 나는 맛있는 밥을 먹을 수 있다. 진공 상태로 포장하여 오랜 기간 보존할 수 있는 다른 음식을 생각해보자.

120 햇반

39

무엇을
비활성화시키겠습니까?

비활성화

탐색노트 39. 비활성화

{소화기}처럼
안정된 반응을 만드는 것에는 어떤 것들이 있나요?

< 생각나누기 >
QR코드를 스캔하여
다른 사람들과 소통해보세요.
etriz.com/note/39

반응을 뺀 {　}

{　}을 어떻게 안정시켜볼까요?

_____

_____

_____

_____

40.
다모여 { }

서로 다른 것들을 모아 새로운 것을 만들어 보세요

복합재료

마흔 번째 발명원리는 서로 다른 특성을 가진 다양한 요소들을 융합하여 새로운 특성을 지닌 결과물을 만드는 복합 재료 원리이다. 빵과 고기, 치즈, 채소를 조합하여 만든 샌드위치나 햄버거는 다양한 재료의 조합으로 복합적인 맛을 낸다. 각각의 독립된 특성을 가진 재료들을 모아 더 나은 특성을 가진 결과물을 만들어보자.

다모여 {음식}, 비빔밥

우리나라를 대표하는 음식 중의 하나인 비빔밥은 각기 다양한 재료들을 합하여 복합적인 맛을 낸 전통 음식이다. 비빔밥의 유래에 대해서는 다양한 설이 있는데 그 중 하나는 조상에게 정성껏 제사를 지낸 후 남은 음식들을 밥에 비벼서 먹었던 데서 유래했다는 설이다. 1800년대의 각종 문헌에서 비빔밥이 언급되었다고 하니 오랜 역사를 가진 음식임에 틀림이 없다. 1997년 대한항공에서는 기내식으로 비빔밥 메뉴를 제공하여 기내식 분야의 오스카상으로 불리는 머큐리상을 수상하기도 했다. 비빔밥의 인기로 최근에는 해외항공사에서도 비빔밥을 기내식으로 제공하는 경우가 늘어나고 있다. 비빔밥의 매력은 다양한 채소와 고기의 고유한 맛이 한데 어우러진다는 점이다. 각각도 맛이 있지만 이들을 모두 합하면 훨씬 더 좋은 맛을 낼 수 있다. 간단한 외식 메뉴로 인기를 끌고 있는 김밥도 다양한 재료들로 새로운 맛을 내는 것이므로 비빔밥과 유사한 이치로 이해할 수 있다. 내가 가진 것들을 한데 모아 새로운 것을 만들어보자.

다모여 {블록}, 레고

레고는 인류 역사상 가장 뛰어난 장난감으로 손꼽히는 블록 장난감이다. 덴마크의 평범한 목수인 오울커크 크리스찬센$^{\text{Ole Kirk Christiansen}}$이 발명하였다. 본래 레고는 1947년 키디크래프트^{kiddicraft} 사의 특허인 자동 잠김 브릭$^{\text{Self-locking bricks}}$을 보완하여 만들어졌으며 1961년에 자체 특허(US 3,005,282)가 등록되었다. 다양한 모양의 블록들의 조합으로 무한 변이가 가능하다는 점이 특징이다. 가로 2개, 세로 4개 돌기를 가지고 있는 기본 블록$^{\text{eight-stud LEGO brick}}$여섯 개로 무려 915,103,765개의 다른 조합을 만들 수 있다고 한다. 하나하나는 단순한 모양의 블록일 뿐이지만 다양한 조합이 가능하기 때문에 어린이부터 어른까지 전 세계의 다양한 사람들에게 큰 인기를 얻고 있다. 스타워즈를 비롯한 다양한 콘텐츠와 융합하여 새로운 레고 상품들도 속속 개발되고 있다. 부속품들의 무한한 조합으로 상상하는 것은 무엇이든 구현할 수 있게 된 것이다.

다모여 {재료}, 철근 콘크리트

프랑스 정원사 조제프 모니에Joseph Monier 는 시멘트와 모래를 섞은 후 물로 이겨서 굳혀서 잘 부서지지 않는 콘크리트 화분을 만들었다. 기존의 흙을 구워서 만든 화분보다 훨씬 견고했지만 콘크리트 화분도 큰 충격을 받으면 여전히 부서지곤 했다. 이를 개선하고자 모니에는 철사 그물로 화분의 모형을 먼저 만들고 그 위에 콘크리트를 채워 넣은 새로운 형태의 콘크리트 화분을 개발하였다. 기존의 콘크리트 속에 철근을 넣어서 융합함으로써 콘크리트에 균열이 발생하더라도 버틸 수 있도록 더욱 강하게 만든 것이다. 지금도 건설 현장에서 철근 콘크리트 기법을 유용하게 사용하고 있다.

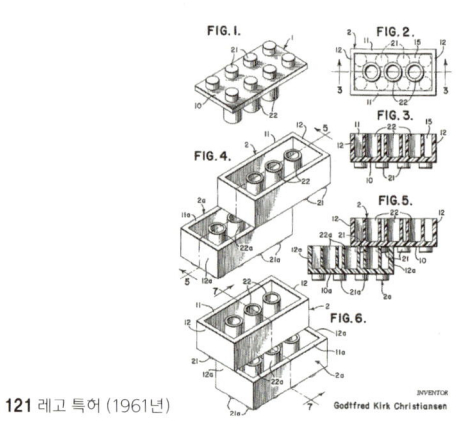

121 레고 특허 (1961년)

122 레고 시티 시리즈

40

무엇을 한데 모아
새로운 것을 만들겠습니까?

복합재료

탐색노트 40. 복합재료

{오케스트라}처럼
서로 다른 것들을 모아 새로운 것을 만든 것에는 어떤 것들이 있나요?

< 생각나누기 >
QR코드를 스캔하여
다른 사람들과 소통해보세요.
etriz.com/note/40

40.복합재료 상상노트

다모여 { }

여러 { }을 가지고 어떤 새로운 것을 만들어볼 수 있나요?

복합재료 | 261

지금까지 새롭게 생각하는 방법의 정석이 될 수 있는 40가지의 발명원리를 살펴보았다. 이제부터 할 일은 일상생활 속에서 접하는 모든 것들의 의미를 새롭게 보는 연습을 하는 것이다. 새롭게 보아야만 다르게 연결할 수 있는 준비를 할 수 있다. 우리들에게 잘 알려진 이야기 속에 담긴 창의성의 비밀을 통해 새롭게 보고 다르게 연결하는 연습을 해보자.

1. 관점을 바꿔 얻어낸 사랑 _ 모제스 멘댈스존

2. 비행기 조종사의 지혜 _ 어린왕자

3. 제갈 공명의 지혜 _ 삼국지연의

생각보다 멋진생각 2

발명원리로 바라본 창의성의 비밀

Episode **01**   모제스 멘델스존

관점을 바꿔
얻어낸 사랑

이 이야기는 19세기의 모차르트라는 찬사를 받기도 했던 유명한 독일의 작곡가인 펠릭스 멘델스존의 할아버지인 모제스 멘델스존에게 실제로 있었던 이야기이다.

유명한 독일 작곡가 펠릭스 멘델스존의 할아버지 모제스 멘델스존은 잘생긴 것과는 거리가 멀었다. 체구도 작은 데다 기이한 모습의 꼽추였다. 어느 날 모세 멘델스존은 함부르크에 있는 한 상인의 집을 방문했다가 집주인의 아름다운 딸 프롬체를 보고 첫눈에 반해 사랑에 빠졌다. 하지만 보기 흉한 그의 외모 때문에 프롬체는 그에게 눈길조차 주지 않았다. 집으로 돌아갈 시간이 다가오자 모제스 멘델스존은 계단을 올라가 용기를 내어 프롬체의 방으로 들어갔다. 그녀와 대화를 나눌 수 있는 마지막 기회였다. 그녀는 천상의 아름다움을 지닌 여인이었다. 그는 그녀가 눈길 한 번 주지 않자 깊은 슬픔을 느꼈다. 몇 차례 말을 걸었지만 프롬체는 대꾸조차 하지 않았다. 마침내 모세 멘델스존은 부끄러워하며 물었다.

"당신은 배우자를 하늘이 정해 준다는 말을 믿나요?"
프롬체는 여전히 창밖으로 고개를 돌린 채 차갑게 대답했다.
"그래요. 그러는 당신도 그 말을 믿나요?"
모제스 멘델스존이 말했다.
"그렇습니다. 한 남자가 이 세상에 태어나는 순간, 신은 앞으로 신부가 될 여자를 정해주지요. 내가 태어날 내가 태어날 때에도 내게 미래의 신붓감을 정해주었습니다. 신은 이렇게 덧붙였습니다. '네 아내는 곱사등이일 것이다.' 나는 놀라서 신에게 소리쳤습니다. '안됩니다, 신이여! 여인이 곱사등이가 되는 것은 비극입니다. 차라리 나를 꼽추로 만드시고 신부에게는 아름다움을 주십시오.' 그렇게 해서 나는 곱사등으로 태어나게 되었습니다."
순간, 프롬체는 고개를 돌려 모제스 멘델스존의 눈을 바라보았다. 그 순수한 눈빛을 보니 어떤 희미한 기억이 떠오르는 듯했다. 프롬체는 그에게 다가가 가만히 손을 잡았다. 훗날 그녀는 모제스 멘델스존의 헌신적인 아내가 되었다.

– 영혼을 위한 닭고기 수프 中

신체적인 결함이 있었던 모제스 멘델스존이 아름다운 여인 프롬체의 마음을 돌릴 수 있었던 이유는 무엇이었을까? 마지막 기회의 순간이 왔을 때, 다급하게 전한 그의 말에 그녀를 향한 진실한 사랑이 담겨 있었기 때문이다. 위의 이야기를 요약하면 다음과 같다.

① 모제스 멘델스존은 프롬체를 보고 한 눈에 사랑에 빠졌다.
② 프롬체는 추한 모습의 그에게 눈길조차 주지 않았다.
③ 집으로 돌아갈 시간이 되자 마지막으로 멘델스존은 프롬체에게 하나의 이야기를 들려주었다.

④ 이야기의 내용은 자신이 미래의 신붓감을 위해 대신 추한 모습으로
　 태어나게 되었다는 것이었다.
⑤ 모제스 멘델스존의 이야기에 감동을 받은 프롬체는 훗날 그의 헌신적인
　 아내가 되었다.

　　추한 모습의 모제스 멘델스존은 자신에게 눈길조차 주지 않는 프롬체의 마음을 얻고 싶었다. 하지만 아무리 말을 걸어도 돌아오는 건 차가운 반응뿐이었다. 모제스 멘델스존은 프롬체에게 자신의 마음을 고백해야할지 말아야할 지를 고민했을 것이다. 프롬체의 반응을 보아서는 이대로 포기하고 집으로 돌아가는 것이 맞는 것처럼 보였다. 자신의 마음을 숨기고 돌아선다면 매일 밤 아름다운 그녀를 그리워할 것이다. 그렇다고 무턱대고 그녀에게 고백을 한다면 거절당할 것이 뻔했다. 만약 당신이 모제스 멘델스존이 되었다면 사랑하는 여인 앞에서 어떤 선택을 하고 싶은가? 모제스 멘델스존은 자신의 상황을 돌아보았다. 우선 그에게는 남은 시간이 얼마 없었다. 서둘러 돌아가야 했기 때문이다. 언제 다시 그녀를 볼 수 있을지는 알 수 없는 일이었다. 그는 자신의 마음을 고백하면서도 거절당하지 않을 방법을 고민했을 것이다.

"어떻게 하면 프롬체에게 고백을 하면서도
그녀의 마음을 돌릴 수 있을까?"

　　그는 자신의 추한 모습에도 불구하고 그녀가 자신에게 마음을 돌릴 수 있는 방법을 고민했다. 매우 아름다운 프롬체에 비해 자신의 모습은

매우 보잘 것 없었지만 그녀를 향한 사랑만큼은 정말 헌신적이었음을 보여주고 싶었다. 고민 끝에 그는 하나의 이야기를 지어내었다. 그녀가 곱사등이가 될 운명이었으나 자신이 그것을 원하지 않았기 때문에 자신을 그녀 대신 곱사등이로 만들어 달라고 신에게 간청했다는 것이다. 프롬체가 그의 이야기를 믿었기 때문이라기보다는 그의 순수한 눈빛에서 자신을 향한 진실한 마음을 읽었기 때문에 그의 고백을 거절하지 않은 것이다. 과연 이 이야기 속에는 어떤 창의성의 비밀이 숨어있을까?

개과천선 {곱사등이}, 헌신적인 사랑

22. 해를 이롭게

모제스 멘델스존의 이야기에서 우리는 여러 발명원리들을 찾아볼 수 있다. 자신의 신체적 결함을 사용해서 낭만적인 이야기를 만들어내었다는 점에서 '해를 이롭게' 바꾸어보라는 지혜가 드러난다. 자신이 곱사등이라는 해로운 점을 그녀를 향한 헌신적인 사랑이라는 이로운 것으로 바꾼 것이다. 누구에게나 단점은 있다. 어떻게 하면 모세 멘델스존처럼 자신의 단점을 이롭게 이용할 수 있을지 고민해 보자.

{절대적 존재}에 묻어가기, 운명이 정해준 사이

08. 평형추

그는 '신'이라는 절대적인 존재의 힘을 빌려 자신이 곱사등이라는 상황의 타당성을 설정하였다. 이는 '평형추'의 원리로 해석될 수 있다. 자신과 그녀는 태어나기 전부터 신에 의해 운명으로 정해진 사이였으며 신이 그에게 그녀가 곱사등이로 태어날 것임을 말해주어 자신이 대신 그 비극을 감당하게 되었다는 것이다. 자신의 힘으로 해결하기 어려운 문제가 있다면 외부의 힘을 빌리는 것을 검토해보자.

거꾸로 {운명}, 사랑을 위한 희생

13. 반대로

곱사등이라는 자신의 불운한 상황이 그녀와 자신의 운명이 반대로 바뀐 것이라는 설정을 사용한 것은 '반대로'의 원리로 해석할 수 있다. 서로의 운명이 바뀐 것이라면 아무리 추한 모습의 자신이어도 아름다운 그녀를 사랑할 자격이 주어지기 때문이다. 아울러 그의 낭만적인 이야기를 통해 곱사등이는 더 이상 추한 것이 아닌 그녀를 향한 자신의 '사랑을 위한 희생'이라는 반대의 뜻을 담게 된 것이다. 반대로 바꾸는 것만으로도 전에는 없었던 새로운 의미를 부여할 수 있게 된다.

모제스 멘델스존이 관점을 변화시켜 프롬체의 마음을 얻은 것처럼 우리도 작은 생각의 변화를 통해 아름다운 사랑을 쟁취해 보는 것은 어떨까?

"어떻게 당신의 약점을 활용하여
상대의 마음을 얻겠습니까?"

Episode 02

어린왕자

비행기 조종사의 지혜

『어린왕자』는 1943년도 프랑스 리옹의 앙투안 드 생텍쥐페리가 직접 그린 삽화와 함께 2차 세계대전 중 미국에서 발표하였다. 이 작품은 지금까지도 많은 사람들에게 사랑을 받고 있다. 소혹성 B612호에 살고 있던 어린왕자는 함께 지내던 장미꽃에게 지쳐 자신의 별을 떠나 여러 행성을 여행하기 시작한다. 『어린왕자』에서는 순수한 어린왕자의 모습과 재미있는 어른들의 모습들이 등장한다. 비행기 조종사인 '나'는 아무도 없는 사막 가운데서 외로워하다가 어린왕자를 만나 어린 시절의 순수함과 삶의 의지를 회복해나간다.

　이 책에서는 비행기 조종사가 문제를 해결하는 재미있는 일화가 등장한다. 과연 어떻게 자신의 문제를 해결했는지 생각해보며 이 글을 읽어보자.

〈양 한 마리만 그려줘〉

그래서 나(비행기 조종사)는 양을 그렸다.
그(어린왕자)는 주의 깊게 들여다보더니
"안돼! 이 양은 벌써 병들었는걸. 다시 하나 그려 줘"
나는 또 그렸다.
내 친구(어린왕자)는 너그러운 모습으로 상냥한 미소를 지었다.
"봐…… 이건 양이 아니라 염소잖아. 뿔이 있으니까……"
그래서 나는 또 다시 그렸다.
그러나 그것 역시 거절을 당했다.
"이건 너무 늙었어. 난 오래 살 수 있는 양을 갖고 싶어."
나는 모터의 분해를 서둘러야 했으므로 더 이상 참지 못하고 여기 있는
이 그림을 되는 대로 끄적거려 놓고는 한 마디 툭 던졌다.
"이건 상자야. 네가 원하는 양은 그 안에 들어있어."
그러자 나의 어린 심판관(어린왕자)의 얼굴이 환하게 밝아지는 걸 보고 나는
놀라지 않을 수 없었다.
"이게 바로 내가 원하던 거야! 이 양에게 풀을 많이 주어야 해?"
"왜 그런 걸 묻지?"
"거기 있는 걸로 아마 충분할 거야. 네게 준 건 아주 작은 양이니까."
그는 고개를 숙여 그림을 들여다보았다.
"그렇게 작지도 않은걸. 어머! 잠들었네……"
이렇게 해서 나는 어린왕자를 알게 되었다.

생텍쥐페리 『어린왕자』中

위 내용은 작품속의 서술자인 비행사 '나'와 주인공인 '어린왕자'가 처음 만난 장면이다. 위의 장면을 순서대로 요약하면 다음과 같다.

① 비행기를 수리하던 비행사에게 어린왕자가 나타나 양 한 마리를 그려 달라고 부탁한다.
② 비행사는 자신에게 양을 그려달라는 어린왕자의 부탁대로 양을 그려준다.
③ 하지만 어린왕자는 그 '양 그림'에 만족하지 못하고 계속해서 다른 양을 그려달라고 부탁한다.
④ 사막 한가운데서 다른 사람들의 도움 없이 비행기의 모터를 빨리 수리해야 했던 비행사는 자신이 바쁜 상황임을 떠올린다.
⑤ 비행사는 되는대로 상자를 그려서 어린왕자에게 건네준다.
⑥ 신기하게도 어린왕자는 그 상자 그림 속의 양을 매우 마음에 들어 하며 기뻐한다.

자꾸만 양을 다시 그려달라는 어린왕자의 요구에 비행사는 두 가지를 선택사항이 있었다. 계속해서 그림을 그리거나 어린왕자의 요구를 거절하며 더 이상 그림을 그리지 않는 것이 그것이다. 그림을 계속해서 그린다면 어린왕자를 만족시킬만한 양을 그릴 확률이 높아진다. 하지만 자신이 반드시 서둘러야만 하는 비행기 모터의 수리를 위한 시간을 확보하기가 어려워진다. 만약 그림을 그리지 않는다면 비행기 모터의 수리에 시간을 더 많이 쏟을 수 있지만 어린왕자를 만족시킬 수 없다. 이 과정을 그림으로 나타내면 다음과 같다.

만약 당신이 비행사라면 어떤 선택을 하겠는가? 그림을 계속 그려 보다가 결국 어린왕자도 만족시키지 못하고 비행기 수리도 못하는 최악의 상황이 벌어질 수 있다. 아니면 더 이상은 그림을 그려줄 수 없다고 말해버려서 아무도 없는 외로운 사막에서 겨우 만난 어린왕자와 친해지기 어려워질 수가 있다. 어린왕자에게 그림을 그려주느라 시간을

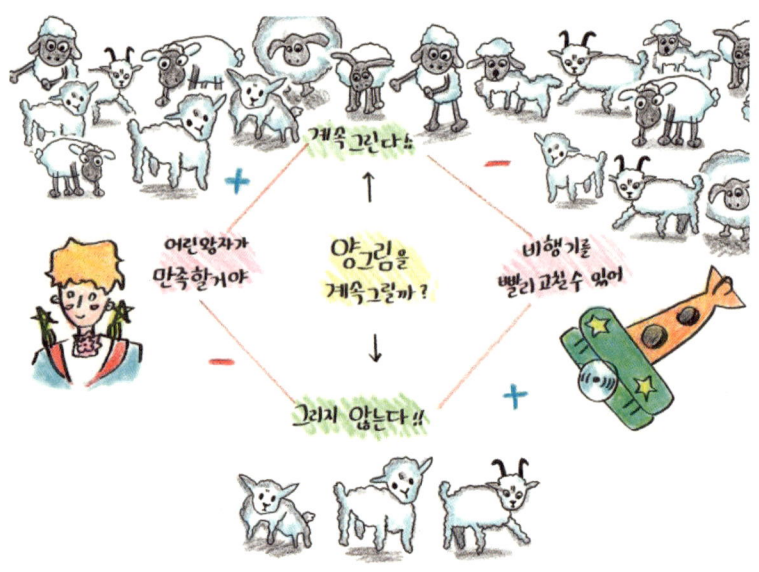

허비할 수도 없고 유일한 말벗이 될 수 있는 어린왕자와 친해질 수 있는 기회를 버릴 수도 없는 상황에서 비행사는 고민하기 시작했다.

 비행사는 자신의 상황을 생각했다. 자신에게는 무엇보다도 시간이 부족했다. 또한 그림에 영 자신이 없었다. 계속해서 그림을 그리는 것이 어렵다고 판단한 끝에 그림을 더 이상 그리지 않음에도 불구하고 어린왕자를 만족시킬 방법을 고민했을 것이다.

<blockquote>
"어떻게 하면 양 그림을 계속 그리지 않고서도
어린왕자를 만족시켜 줄 수 있을까?"
</blockquote>

그는 어린왕자가 자신의 1호 그림인 '코끼리를 삼킨 보아뱀 그림'을 알아본 유일한 사람이었다는 사실을 떠올린다. 어린왕자에게는 보통 사람들과는 다른 풍부한 상상력이라는 자원이 있다는 것을 비행사는 깨닫는다.

비행사는 어린왕자의 상상력을 적극적으로 활용하기로 했다. 그래서 지금까지와는 전혀 다른 그림을 그려서 건네주었다. 바로 상자를 그려 놓고 '네가 원하는 양은 그 상자에 들어있으니 직접 보라'고 말한 것이다. 다행히 상상력이 풍부한 어린왕자는 비행사가 그린 상자 그림 속에서 어린 양을 발견할 수 있었다. 어린왕자에게 상자 속의 양을 상상해서 보는 것은 그리 어려운 일이 아니었기 때문이다. 과연 이 이야기 속에는 어떤 창의성의 비밀이 숨어있을까?

스스로 {양 그림}, 상상을 담는 상자

25. 셀프서비스

어린왕자가 원하는 양을 스스로 직접 볼 수 있도록 상자그림을 줬다는 점에서 앞서 살펴본 원하는 작용이 스스로 수행되게 하는 '셀프서비스'의 지혜를 찾아볼 수 있다. 비행사는 자신이 아무리 양 그림을 계속해서 그려주더라도 어린왕자를 만족시킬 수 없다는 것을 깨달았다. 그리고 상자 그림을 어린왕자에게 내밀며 네가 원하는 양은 거기에 들어있다고 이야기한다. 어린왕자가 원하는 양을 직접 상상해서 볼 수 있도록 상자만을 그려준 것이다. 누구에게나 해결하기 어려운 일이 있을 것이다. 자신이 직접 수행하는 것보다는 원하는 기능이 스스로 수행될 수 있는 방법을 찾아보자.

2% 부족한 {양 그림}, 원하는 것을 보는 상자

16. 과부족

어린왕자가 요구했던 기준에 못 미치는 상자그림을 그려주었다는 점에서 '과부족'의 지혜를 살펴볼 수 있다. 과부족이란 원하는 수준을 맞추기 어려울 때 아예 조금 많거나 조금 적게 해보라는 원리이다. 비행사는 어린왕자가 원하는 양 그림에 대한 수준을 맞추기 위해 다른 모양의 양 그림을 계속 그려보았지만 만족시킬 수 없었다. 비행사는 '정확히 원하는 양 그림'이라는 수준을 맞추는 대신에 요구수준보다 낮은 '상자 그림'을 제시하여 어린 왕자의 마음을 얻었다. 정확히 원하는 수준을 맞추기 어렵다면 아예 많거나 적은 것을 시도해 보자. 문제 해결을 위한 새로운 변화가 생길 수 있다.

눈높이 {양 그림}, 어린왕자만을 위한 그림

12. 높이 맞추기

자신의 기준이 아닌 어린왕자만이 볼 수 있는 그림을 그려주었다는 점에서 '높이 맞추기' 원리 또한 찾아볼 수 있다. 비행사는 처음에는 자신이 가지고 있는 기준대로 양 그림을 그려 어린왕자를 만족시키려 했었다. 하지만 평범한 양 그림으로는 어린왕자를 만족시키기 어렵다는 사실을 깨닫고는 어린왕자의 눈높이에 맞는 그림을 그려주기로 마음먹었을 것이다. 어린왕자는 다른 사람들이 다 모자그림이라고 생각했던 '코끼리를 삼킨 보아뱀'을 알아볼 수 있는 유일한 사람이었다. 어린왕자가 뛰어난 상상력과 다른 사람들이 볼 수 없는 것을 보는 안목을 가지고 있다는 것을 발견했던 비행기 조종사는 평범한 양을 그려놓은 그림이 아닌 상상해야만 볼 수 있는 양이 들어 있는 상자 그림을 그려준 것이다. 그 사람의 입장이 되어 상대방의 마음을 자세히 들여다본다면 정말로 원하는 것이 무엇인지를 발견할 수 있을 것이다.

비행사가 어린왕자를 만족시킬 수 있었던 것은 문제를 해결하기 위해 새로운 질문을 던지고 자신에게 주어진 자원을 적극적으로 활용한 새로운 답을 찾았기 때문이다. 당신에게도 결정하기 어려운 선택을 해야 할 때가 찾아올 수 있다. 어떤 자원을 활용할 것인가? 적은 노력으로도 좋은 결과를 가져올 수 있다는 사실을 기억하라. 비행사가 문제를 해결하기 위해 상자에 상상력을 담았듯이 당신은 당신의 문제를 해결하기 위해 상자에 무엇을 담을 것인가?

"당신의 상자에는 무엇을 채우겠습니까?"

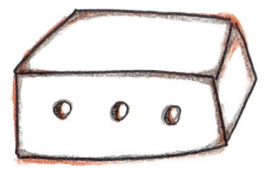

Episode **03**   삼국지연의

제갈 공명의
지혜

"열흘도 필요 없습니다.
사흘 안에 말씀하신 화살 십만 개를 만들어드리겠습니다."

『삼국지연의』는 후한 나라가 멸망한 후 조조가 이끄는 위나라, 유비가 이끄는 촉나라, 손권이 이끄는 오나라의 삼국이 대치하면서 벌어지는 이야기를 담은 소설이다. 이 책에는 '도원결의', '적벽대전', '삼고초려' 등의 재미있고 유명한 일화가 많이 있다. 그 중에서 천하의 조조가 유비에게 크게 패했던 '적벽대전'의 시작을 알리는 이야기를 살펴보자.

> '공명은 절대 살려둘 수 없는 인물이야.'
> 주유는 조조와의 싸움이 있기 전에 제갈공명을 없애고자 마음먹었다. 지금은 오나라와 함께 손을 잡고 있는 공명이지만 결국 적으로 돌릴 날이 올 것임을 알고 있었기 때문이었다. 주유는 어느 날 공명을 불러 다음과 같은 부탁을 하였다.
> "공명선생, 조조의 힘이 너무 막강합니다. 오나라와 선생의 주군인 유황숙(유비)을 위해 십만 개의 화살을 만들어주시지 않겠습니까? 필요한 것이

있다면 얼마든지 도와드리겠습니다."
"좋습니다."
공명은 흔쾌히 대답했다. 공명의 대답을 들은 주유는 도저히 불가능한 조건을 덧붙였다.
"열흘 안에 만들어주십시오. 시일이 급합니다."
공명은 잠시 생각하더니 다음과 같이 대답했다.
"열흘도 필요 없습니다. 사흘 안에 말씀하신 화살 십만 개를 만들어드리겠습니다."

주유는 공명이 약속한 사흘째 아침이 될 때까지 술만 마시고 있다는 말을 들었다. 그런데 대낮이 되자 공명은 주유에게 배와 군사를 요구하는 전갈을 보내왔다. 주유는 공명에게 약속대로 배와 군사를 빌려주었다. 안개 낀 밤이 되었다. 공명은 배를 이끌고 상류로 갔다. 그리고 어느 지점에서 배를 멈추어 군사들에게 짚단을 모아 배에 쌓아올리도록 명령했다. 공명은 군사들과 함께 다시 배를 이끌고 조조군의 수군이 진을 치고 있는 곳으로 다가갔다. 공명은 배 스무 척을 줄에 달아 이어지게 하고 군사들은 짚더미 뒤로 숨게 했다. 그리고 군사들에게 명령했다.
"북을 울리고 함성을 마구 질러라!"
조조와 군사들은 북소리와 함성소리에 놀랐다. 안개가 짙게 깔려 있었기 때문에 무슨 상황인지 도저히 알 수가 없었다. 적군에게 기습당했다고 생각한 조조와 군사들은 가지고 있던 화살을 모두 쏘아댔다.
짚더미에는 공명이 약속했던 십만 개의 화살보다 훨씬 많은 양의 화살이 꽂혀 있었다.

-『삼국지연의』 적벽대전 이야기 中

위 내용은 유비의 책사인 공명과 오나라의 장수 주유가 대화하는 장면이다. 위의 장면을 순서대로 요약하면 다음과 같다.

① 주유는 공명에게 함께 조조를 치기 위해 십만 개의 화살을 마련해달라고 부탁한다.

② 공명은 조조를 치는 것이 유비에게도 좋은 일이니 흔쾌히 수락한다.
③ 하지만 주유는 십만 개의 화살을 열흘 안으로 준비해달라는 조건을 단다.
④ 군사들의 약속을 어길 시 목숨을 내놓아야 하는 '군령'이 있었기에 공명은 주유의 요구에 자신을 죽이려고 하는 의도가 있음을 알아차린다.
⑤ 공명은 주유의 요구를 흔쾌히 수락하고 사흘 안에 화살을 모두 마련하겠다고 약속한다.
⑥ 술만 마시고 있던 공명은 사흘이 되는 날 배와 짚더미, 군사들과 북소리를 이용해 조조를 속여 조조가 화살을 전부 쏘게 만들어 화살을 마련한다.

십만 개의 화살을 열흘 안으로 만들어달라는 주유의 부탁을 들은 공명에게는 두 가지의 선택사항이 있었다. 바로 제작 기간이 부족하니 '기간을 늘려달라고 부탁하는 것'과 '기간을 늘려달라고 부탁하지 않는 것'이다. 만약 제작 기간을 늘려달라고 부탁할 경우 공명은 충분히 십만 개의 화살을 준비할 시간적 여유가 생긴다. 하지만 주유가 요구한 조건인 열흘이라는 기간을 지킬 수 없게 된다. 만약 공명이 제작기간을 늘려달라고 부탁하지 않는다면 주유가 말한 열흘이라는 조건을 만족시킬 수 있지만 그 기간 안에 십만 개의 화살을 만들기란 현실적으로 불가능하다. 이 과정을 그림으로 나타내면 다음과 같다.

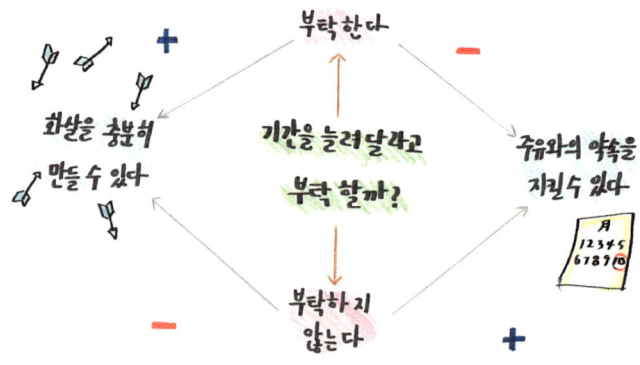

당신이 공명이라면 어떤 선택을 하겠는가? 기간을 늘려달라고 하는 것과 하지 않는 그 어떤 선택을 하더라도 좋지 않은 결과가 나올 수 있는 상황에서 공명은 자신의 상황을 생각한다. 공명은 이러한 모순을 해결하기 위해 기간을 늘리지 않음에도 불구하고 화살을 준비할 수 있는 방법을 고민하게 된다.

> "어떻게 하면 기간을 늘리지 않고서도 화살
> 십만 개를 마련할 수 있을까?"

공명은 순간 막강한 대국인 위나라를 떠올린다. 위나라라면 십만 개의 화살쯤은 분명 가지고 있을 터였다. 주유가 화살을 만드는데 필요한 다른 모든 것들은 준비해주겠다고 약속했으니 십만 개의 화살을 '직접' 만들지 않고서도 마련할 수 있는 방법을 찾기만 하면 되는 것이었다.

공명은 자신의 자원을 적극적으로 활용하기로 했다. 삼국지연의에서 묘사하는 공명은 날짜와 사람의 운명을 예견할 수 있는 비범한 인물이다. 그는 사흘째 되는 날 바다에 깊은 안개가 낄 것임을 미리 알고 있었다. 또한 배와 군사는 얼마든지 빌릴 수 있었다. 조조의 군사들을 속일 수만 있다면 조조가 가진 어마어마한 양의 화살을 빌려올 수 있을 것이다. 공명은 사흘 동안 술을 먹고 아무 것도 안하면서 주유로 하여금 자신에 대해 동정심이 일게 만들었다. 공명을 죽이고자 마음먹었던 주유는 목숨을 재촉하는 그의 모습을 비웃으며 약속을 지키지 못할 것이라고 확신하였다. 그래서 주유는 아무런 의심 없이 공명이 원하는 대로 군사와 배를 빌려주게 된 것이다. 이 덕분에 주유에게 빌린 군사와 배를 이용해 사흘째 되는 날의 안개 낀 밤에 조조와 그 군사들을 속이고 화살을 빼앗아올 수 있었던 것이다. 과연 이 이야기 속에는 어떤 창의성의 비밀이 숨어있을까?

{남의 화살}에 묻어가기, 조조의 화살

08. 평형추

공명의 문제해결과정을 발명원리의 관점에서 본다면 자신이 직접 화살을 만드는 대신에 조조의 화살을 가져올 생각을 했다는 관점에서 '평형추'의 원리를 찾아볼 수 있다. 평형추의 원리는 자신의 힘을 사용하는 대신 외부의 다른 힘을 이용해보라는 것이다. 공명이 찾은 외부의 다른 힘이 바로 조조가 가지고 있던 많은 화살이었던 것이다. 내가 가지고 있지 않은 것이라도 활용할 수 있는 자원은 분명히 있다. 어떤 외부의 자원들을 사용할 수 있는지 탐색한다면 보다 쉽게 자신의 문제를 해결할 수 있을 것이다.

복제된 {군사들}, 화살을 맞아 줄 짚단

26. 복제

실제 군사들 대신 화살을 맞아 줄 짚단을 준비한 것은 '복제'의 원리로 설명할 수 있다. 복제의 원리는 원래의 것 대신에 복제품으로 필요한 기능을 수행하도록 하는 것이다. 조조군을 속여 화살을 뺏어 오기 위해서는 군사들을 화살로부터 보호하고 대신 화살을 맞아줄 무언가가 필요했다. 공명은 짚단을 모아 쌓고 군사들을 그 뒤로 숨게 하여 무작위로 쏟아지는 화살들이 짚더미에 박히도록 했다. 원래의 요소를 사용하기 힘들 때 그것의 기능을 대신해줄 수 있는 복제품을 생각해보자.

개과천선 {적군의 공격}, 십만 개의 화살

22. 해를 이롭게

공명은 화살을 마련하기 위해서 조조군에게 공격을 받는 전략을 활용하였다. 적군에게 공격을 받는다는 것은 당연히 해로운 것이다. 하지만 이 공격을 활용하여 공명은 십만 개의 화살을 모은다는 목표를 이룰 수 있었다. 이러한 지혜를 '해를 이롭게'라는 원리로 설명한다. 누구에게나 해로운 것은 존재할 것이다. 이것을 나쁘게만 받아들일 것이 아니라 어떻게 하면 이것을 이롭게 활용할 수 있을지 고민해보자. 공명이 자신의 문제를 창의적으로 해결할 수 있었던 것은 문제 상황에 대한 새로운 질문을 던지고 활용 가능한 자원들을 적극적으로 탐색하였기 때문이다.

> "당신이 빌릴 수 있는
> 조조의 화살은 무엇입니까?"

당신이 상상하는 모든 것이
현실이 된다.
- 피카소 -

에필로그
감동의 기억창고를 채워라

　창의성이란 '감동의 기억창고에 있는 것들이 만나 일으키는 화학작용'이라 한다. 감동이란 크게 느끼어 마음이 움직이는 것을 말한다. 우리 주변에는 많은 창의적인 사례들이 널려있다. 그것들을 그냥 지나치기만 해서는 절대로 감동을 받을 수 없다. 아무리 사소한 것이라도 어떤 불편을 어떤 발명원리로 해결한 것인지를 잠시만 고민해보면 다르게 보일 것이다.

　앞서 다룬 이야기 속에서 모세 멘델스존, 비행기조종사, 제갈량이 어떻게 자신의 문제를 해결했는지를 살펴보았다. 이들은 모두 필요한 순간에 자신에게 주어진 자원들을 적극적으로 활용할 수 있는 지혜로운 사람들이었다. 지혜는 타고나지 않으면 안 되는 것일까? 결론부터 말하자면 지혜는 충분히 내 것으로 만들 수 있다.

　모세 멘델스존이 아름다운 여인 프롬체의 마음을 돌릴 수 있었던 이유는 다급하게 전한 그의 말에 그녀를 향한 진실한 사랑이 담겨 있었기 때문이다. 그는 자신의 신체적 결함을 이용해 순간 너무나 낭만적인 이야기를 지어냈다. 운명의 상대인 프롬체를 너무 사랑했기 때문에 그녀를 대신하여 신에게 자신을 곱사등이로 만들어달라고 부탁했다는 것이다. 신체적 결함을 프롬체를 향한 헌신적인 사랑의 증표로 바꾼 멘델스존의 재치는 해로운 것을 이로운 것으로 바꾸어보라는 '해를 이롭게'의 지혜가 담겨있었다.

양 그림을 그려달라는 어린왕자의 요구를 들어주던 비행기조종사는 어떠한 그림에도 만족하지 못하는 어린왕자에게 결국 작은 상자 그림을 건넨다. 그리고 그 안에 네가 원하는 양이 들어있다는 말을 덧붙인다. 놀랍게도 어린왕자는 이것이 바로 자신이 원하던 것이라고 말한다. 어린왕자가 원하는 양을 스스로 보도록 만든 비행기조종사의 지혜 속에는 원하는 것을 스스로 수행하게 만들어보라는 지혜인 '셀프서비스'의 지혜가 담겨있었다.

제갈량은 열흘 안에 십만 개의 화살을 마련해야 하는 상황에서 자신이 활용할 수 있는 여러 자원들을 적극적으로 찾아 문제를 현명하게 해결할 수 있었다. 안개 낀 밤이라는 자연적 환경과 주유에게서 빌린 배와 군사를 활용하여 조조군이 가지고 있던 십만 개가 훨씬 넘는 화살을 뺏어온 것이다. 제갈량의 지혜는 자신의 힘을 쓰는 대신의 외부의 힘에 기대어 보라는 '평형추'의 지혜가 담겨있었다.

당신은 이미 새로운 생각을 열어주는 정석이 될 수 있는 발명원리들을 모두 배웠다. 그래서 모세 멘델스존의 지혜, 비행기조정사의 지혜, 제갈량의 지혜를 새롭게 볼 수 있는 기준을 가지게 된 것이다. 이처럼 의미를 부여하여 남의 지혜를 되새겨볼 때 감동의 기억창고에 재료들이 쌓이게 된다. 재료가 많이 쌓이면 쌓일수록 내 문제를 해결할 때 그 재료들이 더 큰 화학작용을 일으키는 것이다. 감동의 기억창고가 비어있다면 그 어떤 화학작용도 일어나지 않고 문제도 쉽사리 해결되지 않는다.

생각의 정석이 전하는 지혜들을 활용하여 일상생활 속에서 지나치는 모든 것들에서 감동을 받아 나만의 감동의 창고를 가득 채워보자. 온 우주를 떠다니는 지혜들이 내 것이 될 것이다.

도록

01	조립식가구이케아	adsoftheworld.com/media/print/ikea_sales_bed
02	세계 최초의 커터칼 (1956년)	www.olfa.co.jp/en/contents/cutter/birth.html
03	쉐어하우스	www.dezeen.com/2013/08/29/share-house-by-naruse-inokuma-architects
04	티백	en.wikipedia.org/wiki/Tea_bag
05	더블 챔버 티백 광고 (1952년)	time.com/3996712/a-brief-history-of-the-tea-bag/
06	세븐일레븐 편의점 PB상품	www.7-eleven.co.kr
07	이마트의 노브랜드	www.eightyquartier.com/south-koreas-e-mart-plugs-its-own-label-into-china
08	프리드만의 주름빨대 특허 (1937년)	www.google.com/patents/US2094268
09	병원 공급을 위한 주름빨대 광고	everybody.si.edu/media/507
10	맥도날드에서 판매하는 맥주(좌)	eurokulture.missouri.edu/mcdonalds-serves-beer
10	맥도날드에서 판매하는 맥주(우)	www.foodbank.co.kr/news/articleView.html?idxno=47078
11	버스전용 차로	joongdo.co.kr/jsp/article/article_view.jsp?pq=201105130004#cb
12	비대칭 도어를 가진 벨로스터	www.hyundaiusa.com/veloster/index.aspx
14	비대칭 우산 SENZ Umbrella	www.senz.com/en
15	르봉마르세 백화점	www.lebonmarche.com/en.html
16	의료관광	한국관광공사
17	스위스 군용 칼	www.victorinox.com
18	복합기	www.samsung.com/sec/business/business-products/general-printer/
19	부산관광택시	부산 관광공사
20	쇼핑카트	www.graphicstock.com
21	힐리스 운동화	shop.heelys.com
22	힐리스를 신고 있는 아이들	heelys.com
24	타워크레인	www.leavittcranes.com/parts/buy-crane-parts/tower-crane-parts
25	예방접종(우)	www.htfamilyphysicians.com/should-your-child-be-vaccinated
25	예방접종(좌)	www.heamil.kr/wiki/dic9_1/640
26	특허청	특허청
27	화장지 절취선 특허 (1891년)	www.google.com/patents/US459616
28	먼지 제거용 점착 매트	www.americanfloormats.com/blue-sticky-mats
29	에어백	www.hyundai.com.au/cars/suvs/santa-fe/safety/7-airbag-system
30	안전벨트	www.autoliv.com/ProductsAndInnovations/PassiveSafetySystems/Pages
31	퓨즈	www.bdc.co.uk/fuses/quick-blow-glass-fuses/
32	피라미드	wallpapercave.com/giza-pyramids-wallpaper
33	무거운 돌을 옮기는 방법	rtt-translations.com/images/building_translations.jpg
34	KO 크리에이티브 의수 시스템(좌, 우)	www.designboom.com
35	트레드밀	www.topfitnessmag.com/treadmill-reviews
36	트레드밀 관련 특허 (1913년)	www.google.no/patents/US1064968
37	거꾸로 접는 우산 카즈브렐라(상, 하)	kazbrella.com
38	회전문	www.g-u.com/en/automatic-entrance-systems/revolving-doors/
39	회전문 특허 (1888년)	www.google.com/patents/US38657
40	회전교차로 (좌)	www.driveind.com/451
41	접이식 자전거	en.wikipedia.org
42	페달이 중앙에 있는 안전 자전거	www.roadswerenotbuiltforcars.com
43	굴절버스	commons.wikimedia.org
44	사우스웨스트 항공	www.consumeraffairs.com/travel/southwest.html
45	제주 항공	www.gyotongn.com:446/news/articleView.html?idxno=46750
46	루이 파스퇴르	http://www.biography.com
47	저온 살균 공정	http://www.dairymoos.com
48	현대의 아파트	http://romewiki.wikifoundry.com

49	포켓몬 고	www.pokemongo.com
50	버스용 돌출형 번호판 특허 (2013년)	http://www.kipris.or.kr
51	돌출형 번호판	http://m.blog.naver.com/alpinenews/220591806880
52	버스 위험 경고장치 특허 (2007년)	http://www.kipris.or.kr
53	천사의 날개	http://blog.daum.net/inven
54	진동벨	https://www.amazon.co.uk
56	초음파 가습기	www.sylvane.com
57	초음파 진단기	http://www.wisegeek.com
58	가렛 모건의 T자형 신호등 특허 (1923년)	https://en.wikipedia.org/wiki/Garrett_Morgan
59	최초의 세븐일레븐	세븐일레븐
60	세븐일레븐	세븐일레븐
61	차량 요일제	http://tongblog.sdm.go.kr/786
62	무선 충전 도로	http://www.electric-vehiclenews.com
63	도요타의 무선 충전 시스템	https://www.slashgear.com
64	하이패스	www.hipassplus.co.kr
65	아마존 고	https://www.amazon.com/b?node=16008589011
66	피아노 계단	http://www.ideaspies.com/piano-design-encourages-you-to-use-stairs
69	S-Oil 의 HERE BALLOON 캠페인	http://adsoftheworld.com/media/ambient/soil_here_balloon
70	페이스북의 다양한 감정표현	www.wired.com/2016/02/facebook-reactions-totally-redesigned-like-button
71	카카오택시	www.kakao.com/taxi
72	에어비앤비	www.airbnb.com
75	디스펜팩 특허 (1988년)	www.google.ch/patents/US4790429
76	셀카봉 특허 (1985년)	www.google.com/patents/US4530580
78	옷 정리 로봇	foldimate.com
79	마네킹	commons.wikimedia.org/wiki/File:Holt_Renfrew_Mannequins.jpg
80	자동차 테스트용 더미	commons.wikimedia.org/wiki/File:IIHS_crash_test_dummy_in_Hyundai_Tucson.jpg
81	가상현실	http://www.digitaltrends.com/mobile/galaxy-s7-how-to-watch-vr
85	종이컵 특허 (1912년)	www.google.com/patents/US1032557
86	종이컵 홀더 특허 (1921년)	www.google.com/patents/US1389594
87	일회용 렌즈 발명자, 론 해밀턴	dailybusinessgroup.co.uk/2016/05/victory-for-cheaper-contact-lens-company
88	세계 최초의 일회용 렌즈 (1993년)	ronhamilton.co.uk/from-50-to-50-pence-a-lens/
89	아이폰7 홈 버튼	appleinsider.com/articles/16/08/08/apples-iphone-7-again-said-to-have
90	줄 없는 줄넘기 특허 (2006년)	www.google.com/patents/US7037243
91	줄 없는 줄넘기	www.10x10.co.kr/shopping/category_prd.asp?itemid=279668
92	도쿄돔	www.mieranadhirah.com/2012/06/tokyo-dome-hotel.html
93	버블트리 텐트	blog.rvshare.com/check-bubbletree-tent-completely-transparent
94	버블랩	sealedair.com/products
95	비닐하우스	commons.wikimedia.org/wiki/File:Strawberry_greenhouse.jpg	by Joi Ito
96	콘택트렌즈	www.tceyeonline.com/contactlenses
97	스펀지	dishwashersguide.com/cleaning/kitchen-sponge-safety
98	크록스 신발	www.crocs.co.kr
99	아이보리 비누	www.silive.com/homegarden/
100	테팔 프라이팬의 써모 스팟	www.tefal.co.kr
101	바나나맛 우유	www.bing.co.kr
102	바나나는 원래 하얗다	www.maeil.com
103	이글루	ecobnb.com/blog/2014/01/igloo-ice-hotels
104	라바짜 쿠키컵 (좌)	www.lavazza.it/it/mondo_lavazza/training-center/coffee_design
105	라바짜 쿠키컵 (우)	coffee.blackmanthing.com/lavazza-coffee-cookie-cup-recipe

106	음식물 처리기, 스마트카라	www.smartcaramall.com
107	뉴욕의 쓰레기 예술품	nycgarbage.com
108	팝콘	www.newhealthadvisor.com/Is-Popcorn-Gluten-Free.html
109	분유	http://wldus7878.tistory.com/85
110	분말 포카리스웨트	www.pocarisweat.co.kr
110	드라이아이스	www.ebay.com/gds/What-Is-Dry-Ice-/10000000178626629/g.html
111	드라이아이스 세척기	ceekay.com/event/dry-ice-blasting-seminar
112	사람을 태운 최초의 열기구 (1783년)	www.space.com/16595-montgolfiers-first-balloon-flight.html
113	열기구	www.daysoftheyear.com/days/hot-air-balloon-day
114	Nohot Cup	www.yankodesign.com/2013/02/12/a-nose-for-heat
115	불꽃놀이	dynamicfireworks.co.uk
116	고려청자	http://www.eknews.net/xe/?mid=kr_politics&category=26879&documen
117	핫팩	고바야시 핫팩
118	소화기	ertraining.ie/fire-extinguisher-training
119	클린룸	innolas-semiconductor.com
120	햇반	www.cj.co.kr
121	레고 특허 (1961년)	www.google.com/patents/US3005282?hl=ko#v=onepage&q&f=false
122	레고 시티 시리즈	www.lego.com

빈칸을 채우면
생각보다 멋진생각이 탄생합니다

{   }

* 독자 등록 및 뉴스레터 신청
http://etriz.com/thinkingcore

빈칸을 채우면
생각보다 멋진생각이 탄생합니다

{   }

* 독자 등록 및 뉴스레터 신청
http://etriz.com/thinkingcore